I0838991

WIR HABEN DIE WAHL ?!

Was muss Politik dringend verbessern?

Clemens Bleyl

III

Widmung

Dieses Buch widme ich den vielen leisen Menschen in Deutschland. Sie ertragen geduldig, dass laute, aber kleine Gruppen die Nachrichten bzw. die Meinungsbildung massiv beeinflussen. Darüber werden die Belange der Mehrheit leider häufig vergessen. Sie mühen sich täglich mit der überbordenden Bürokratie des Staates und füttern ihn obendrein mit höchsten Steuern und Abgaben. Ihr habt etwas Besseres verdient.

Danke an meinen ältesten Bruder Nikolaus, der mich mit kritischen Kommentaren beim Schreiben dieses Buches begleitet hat und alle Menschen, die immer wieder mit mir über die Themen diskutieren, die sie berühren.

Inhaltsverzeichnis

Der Ruck

In den letzten Jahren sprachen Politiker immer davon: das ruckelt sich schon zurecht, wenn es nicht gleich so lief, wie von den Ministerien geplant. Ok, das kann mal passieren. Aber nicht so oft. Und mit ein bisschen ruckeln ist es nicht mehr getan. Es braucht einen großen Ruck, der durch das gesamte Land geht. Wieso? Es geht uns doch gut, die Wirtschaft floriert, wir fahren 1-2 Male im Jahr in den Urlaub und haben eine soziale Absicherung wie fast nirgendwo sonst auf der Welt.

Ich fürchte, das ist bald vorbei, denn wir leben seit Jahren von der Substanz, sind bequem und passiv geworden und haben vor allem Neuen Angst. Unsere Debatten drehen sich häufig um Luxusprobleme und nicht um die wirklich brennenden Themen. Wir verstecken uns hinter anderen: der EU, wenn es um die wirtschaftliche und politische Verantwortung geht, und den USA und der Nato, wenn es um unsere Verteidigung geht. Wir sind uns unserer prekären Lage noch nicht so bewusst, dass wir endlich handeln. Ich habe dieses Buch während der Pandemie geschrieben und bereits dort zeigten sich -endlich für alle sichtbar- große Defizite in unserem

Staat. Um nur einige Beispiele zu nennen: Gesundheitsämter senden Daten per Fax durch die Gegend und alle wundern sich, dass wir am Ende keine verlässlichen Zahlen zu Infektionen, Hospitalisierungen, Verstorbenen und Anzahl der Geimpften haben. Auf welcher Basis fällen wir dann gute Entscheidungen? Digitaler Unterricht war für unsere Kinder so gut wie nicht möglich, weil die Geräte, das Netz und die dafür ausgebildeten Lehrer fehlten. Im Vergleich zu anderen Länder befinden wir uns noch in der Steinzeit.

Da sich gerade der Blick auf den Überfall der Ukraine durch Russland gerichtet hat, werden weitere Versäumnisse der Vergangenheit dramatisch sichtbar: Die sehr eingeschränkte Verteidigungsfähigkeit durch unsere Armee. Wir haben scheinbar keine funktionierende Ausrüstung. Das war der Politik und den Bürgern über Jahre bekannt, aber es hat mit ein paar Ausnahmen niemanden interessiert. Die Welt um uns herum staunt bzw. ist irritiert bis verärgert, wie wir unsere Verteidigungsfähigkeit sträflich vernachlässigt haben. Abgeben des wenigen einsatzbereiten Materials an die Ukraine zu ihrer Verteidigung geht nicht, denn sonst sind wir blank. Und das alles, obwohl ein riesiger Stab in Politik und den Bundeswehrbehörden vorhanden ist. Wir sind dramatisch abhängig von russischem Gas. Alleine die deutsche chemische Industrie stünde wenige Tage, nachdem der Gashahn zugedreht würde (ob als Embargo oder Vergeltung durch Russland), vor einer absoluten Katastrophe bis zum völligen Stillstand. Das würde auch andere Industrien, wie Automobile, Lebensmittel, Maschinenbau usw. vor riesige Probleme stellen, denn sie brauchen die Vorprodukte der Chemie, die sie aus und mit Gas herstellt. Wir reden über Hunderttausende bzw. bis zu 1 Million Menschen, die plötzlich keine Arbeit mehr hätten.

Forschung und Unternehmertum wandern ab in Richtung Nordamerika, wenn sie wirklich gut sind. Macht jemand z.B. an einer deutschen Universität eine bahnbrechende Erfindung, dann geht er in die USA, um die Idee in ein Produkt umzusetzen. Die Kosten der Ausbildung wurden bei uns getragen, der Umsatz und Gewinn, die Arbeitsplätze und die daraus resultierenden Steuern finden woanders statt. Warum? Förderung, das nötige Risikokapital, Start-hilfe und die Akzeptanz sind woanders wesentlich besser und die Steuerbelastung, Arbeits- und Energiekosten und Bürokratie in anderen Ländern wesentlich attraktiver. Lassen wir uns nicht von den wenigen tollen Beispielen täuschen, die im Lande geblieben sind. Das Schlimmste ist, es scheint sowohl die Politik wie die Bürger nicht zu interessieren, es ist nicht dringend und schon gar nicht wichtig. Warum nicht, verdammt noch mal, das ist doch unsere Zukunft? Die öffentlichen Diskussionen drehen sich um C-Themen, aber die werden dafür heiß diskutiert (Vermeidungsstrategie?). Viele Menschen möchten am liebsten eine Art Beamtenjob, „9 to 5" und das alles ohne Risiko. Was erwartet man auch, wenn regelmäßig von bösen Unternehmen die Rede ist, wer will da schon selbstständig werden oder ein Risiko eingehen. Und als Krönung wissen wir am liebsten alles besser und lassen das andere Länder auch noch spüren. Verabschieden wir uns von der Utopie, dass alle Menschen auf diesem Planeten so leben möchten wie wir. Schon in Zeiten der Missionare wurde viel Unheil angerichtet. Unser Lebensentwurf passt zum Westen, für viele andere Länder ist er gänzlich ungeeignet. Nutzen wir doch bitte mal diesen Teil unserer Kraft für uns selbst, da gibt es eine Unmenge zu tun. Damit ist ausdrücklich nicht gemeint, dass wir dort, wo es Hilfe braucht und diese auch gewünscht ist, unsere Unter-stützung einstellen.

Der Bundestag ist ein Spiegelbild dieser Situation. Er ist viel größer als vom Gesetz vorgesehen (736 statt 598). Mehr als 100 zusätzliche Parlamentarier mit ihren ebenfalls zusätzlichen Mitarbeitern erzeugen eine Trägheit des Parlaments und der Regierung. Warum? Mehr Abgeordnete bedeuten z.B. wesentlich mehr Anfragen an die Regierung, die bearbeitet und beantwortet werden müssen. Alles Zeit, die zum Regieren fehlt. Obendrein kostet das ein paar hundert Millionen mehr an Steuergeld für Diäten der Parlamentarier, Gehälter für Verwaltungsangestellte und Mitarbeiter der Ab-geordneten. Da keine Partei weniger Parlamentarier haben möchte (man muss die Kollegen ja versorgen), haben die letzten Bundestagspräsidenten Lammert und Schäuble vergeblich versucht, eine Änderung herbeizuführen. Ich hatte gehofft, dass Frau Bas dieses Problem als erstes nach ihrer Wahl zur Bundestagspräsidentin im Dezember 2021 angehen würde. Vergeblich, ich habe davon nichts mehr gehört. Zurück auf die 598 Abgeordneten in der nächsten Legislaturperiode, das wäre ein gutes und richtiges Signal für unser Land, dass ein Aufbruch in eine schlankere und agilere Zukunft beginnt.

Wir sind träge und fett geworden und das schon lange. Wir sind der kranke Mann Europas. Investoren bauen bevorzugt Fabriken in anderen Regionen der Welt und Anleger kaufen lieber Aktien aus anderen Ländern, weil sie Deutschlands Zukunft kritisch sehen. Wir waren einmal Weltklasse und mancher hofft, wir sind es immer noch. Das ist ein ganz großer Irrtum, denn wir sind längst nach unten durchgereicht worden. Aber ein großer Öltanker fährt noch 60 Seemeilen weiter, wenn seine Antriebmaschine ausgefallen ist. Seine riesige Masse zieht ihn noch eine Weile weiter durch die Wellen. Deutschland hat in meinen Augen diese Strecke bereits zurückgelegt und steht schon. Oder fahren wir schon rückwärts?

Wir haben die falschen Prioritäten und ver(sch)wenden die begrenzte Zeit unserer Politik und Verwaltung an Nebensächlichkeiten wie Straßennamen, Gendersternchen und Indianerhäuptlinge. Der Datenschutz verhindert schnelle Reaktionen auf eine Pandemie und kostet letztlich Menschenleben. Ich könnte auch andere Beispiele nehmen, aber es gibt sowieso einen Shitstorm. Auch der beweist dann wieder, dass unsere Gesellschaft sich auf dritte Prioritäten konzentriert. Eine hungrige Gesellschaft würde darauf sehr wenig Zeit verwenden. Wer versucht, beim Jonglieren zu viele Bälle in der Luft zu halten, dem fällt meist nicht nur einer runter, sondern fast alle liegen am Ende am Boden.

Alles in diesem Land, was mit dem Staat zu tun hat, geht extrem langsam. Wir entschuldigen das häufig damit, dass das der Preis der Demokratie ist. Es braucht, bis ein Konsens gefunden ist. Komisch, das andere Demokratien viel schneller sind. Eine neue Firma in den USA zu gründen, geht schnell und die Finanzierung findet sich auch, obwohl dieselbe Person schon einen Start in den Sand gesetzt hat.

Litauen hat Behördengänge überflüssig gemacht, das geht online. Ukrainische Kinder, die nach Deutschland geflüchtet sind, werden online von ihren ukrainischen Lehrer, die noch in der Ukraine sind, zwei Stunden am Tag unterrichtet. Das Genehmigungsverfahren für einen onshore Windpark verschlingt bei uns mindestens 5 Jahre, es können auch 7 sein. In vielen Staaten der USA ist das in 2,5 Jahren erledigt. Es geht also, aber dafür sind wir zu schwerfällig geworden. Es muss ein Ruck durch dieses Land gehen. Eine Reformagenda für die nächsten Jahre muss her, die die überbordende Bürokratie aus dem Weg räumt (nicht lange fragen, machen), der die Industrie, die Unternehmensgründer und die Bürger von den Fesseln befreit, der die Menschen wieder kreativ und initiativ werden lässt, unsere Energieerzeugung klimaneutral macht und uns den Frieden durch wirtschaftliche Stärke und Verteidigungsbereitschaft sichert. Sonst werden wir in Kürze überrollt: von den Industrien anderer Länder (China und andere lassen grüßen) und von aggressiven Nachbarn, denen unsere freiheitliche Demokratie nicht nur ein Dorn im Auge ist, sondern die sich dadurch in ihrer autoritären Macht bedroht sehen. Wenn wir diesen Ruck durch den Staat und die Gesellschaft nicht in relativ kurzer Zeit hinbekommen und damit weiteren Wohlstand für die Zukunft sicherstellen, dann werden wir auch nicht mehr die Mittel für unsere Verteidigung, das Sozialwesen und den Umbau zu einer klimaschonenden Gesellschaft haben. Und wenn die stärkste Nation auf unserem Kontinent das nicht hinbekommt, dann ist ganz Europa in Gefahr, ein bedeutungsloser Spielball der zwei Großmächte USA und China zu werden. Wollen wir das?

Was wir brauchen, sind Ehrgeiz, Wille und Mut, sowohl in der Politik als auch in der Gesellschaft, das Steuer herumzureißen. An der Spitze der Politik brauchen wir kompetente, entscheidungsfreudige Menschen, die schnell einen Plan entwickeln und ihn zeitnah in die Tat umsetzen. Die Besten sind dafür gerade gut genug. Vergessen wir bitte bei der Besetzung von Ministerposten Proporz, Quoten oder Länge der Parteizugehörigkeit. Das führt uns zu dem, was wir haben: Mittelmaß oder schlechter (mit wenigen Ausnahmen). Mir ist es völlig egal, ob die Minister alle homosexuell, weiblich, jung oder alt, schwarzhaarig oder aus einer Stadt sind. Sehr gut müssen sie sein, entsprechendes Wissen und Erfahrung haben, das Wichtige erkennen und voranstellen und die nötige Kraft haben, um den schlauen Plan durch herausragende Führungseigenschaften schnell und effektiv umzusetzen. Ihr Denken muss alle Zeithorizonte umfassen: kurz-, mittel- und langfristig. Und im Zweifelsfalle sollten sie nicht auf die nächste Wahl schielen, denn etliche Maßnahmen wie z.B. in der Bildung werden erst weit nach dem nächsten Urnengang Früchte tragen. Die Spitzen der Parteien besetzen Ministerämter nach Kriterien, die mehr als zweifelhaft sind oder um modern zu wirken und riskieren damit das Wohlergehen von 83 Millionen Bürgern. Das ist absolut fatal.

Unsere Demokratie bröckelt! Viele Bürger glauben nicht mehr daran, dass die Regierungen Verbesserungen für sie herbeiführen können. Sie stimmen mit den Füssen ab, indem sie nicht mehr zur Wahl gehen. Und das werden immer mehr. Es gab ein kurzes Aufflackern der Beteiligung, als die AFD von vielen Nichtwählern zum Ausdruck ihres Protestes gewählt wurde. Aber die Ernüchterung folgte auf dem Fuße, denn der Aufschrei wurde nicht gehört. Dieser Teil der AFD-Wähler wurde der Einfachheit halber gleich mit in die ganz rechte Ecke gedrängt. Damit brauchte man sich nicht mit ihren berechtigten Anliegen zu beschäftigen. Je weniger unser Staat funktioniert, je weiter Politiker von der Lebenswirklichkeit der Bürger entfernt sind, umso mehr Menschen werden zu Nichtwählern werden. Die Demokratie verliert dann ihre Basis.

Wir haben für die Erneuerung des Staates, der Gesellschaft und der Wirtschaft nur einen Zeithorizont von 0 bis 5 Jahren, denn sonst werden wir unsere Position in der Welt, unseren Wohlstand und unseren gesellschaftlichen Konsens dauerhaft verlieren bzw. weiter nach unten durchgereicht werden.

Warum dieses Buch?

Schaue ich Nachrichten, ob im Fernsehen oder bei verschiedenen Quellen im Internet, fange ich meist an zu kommentieren, weil ich anderer Meinung bin, weil das Gesagte (bewusst) einseitig betrachtet wurde oder weil manche Fakten außer Acht gelassen wurden. Geprägt werden Nachrichten häufig von Politikern und ich habe den Eindruck, dass diese uns Bürger unterschätzen bis hin dazu, dass manche uns scheinbar für blöd halten. Politik ist sicher ein mühseliges Geschäft und ich wäre dafür als Mensch aus der Industrie nicht geschaffen, obwohl es mich immer wieder in den Fingern juckt. Aber ich will versuchen, mit meiner Meinungsäußerung in diesem Buch einen Beitrag zu einer besseren Zukunft zu leisten. Aus diesem Grunde schreibe ich meine Ansichten auf und vielleicht regt das die eine oder andere Diskussion an, die mithilft etwas zu verändern. In meinen Augen machen wir in diesem Staat vieles zu kompliziert. Aber etwas einfach (und damit gut) zu machen, ist schwer. Das ist auch in der freien Wirtschaft so.

Unsere täglichen Nachrichten in Funk, Fernsehen und den sozialen Medien (wo sind die heute sozial?) werden überwiegend von lauten bis hin zu aggressiven Minderheiten bestimmt. Die Meinung des Normalos tritt eigentlich nur bei den demokratischen Wahlen zu Tage, wo die extremen Positionen auf ihre wahre und zwar kleine Größe zurückgestutzt werden. Die restlichen 364 Tage des Jahres scheinen sie aber die Nachrichtenlage neben weltpolitischen wichtigen Themen zu dominieren. Selbst eine Demonstration von

200 Personen schafft es in die Nachrichten, manchmal geschickt gefilmt, so dass eher der Eindruck einer gewaltigen Menschenmasse entsteht, obwohl es bei anderer Kameraperspektive nur ein kleines Häuflein wäre. Der „ruhige" Bürger - ich schätze diese große Mehrheit auf über 80% der Bevölkerung- diskutiert eher im privaten Kreis und tritt nur selten auch durch Meinungsäußerungen und Demonstrationen in der Öffentlichkeit in Erscheinung. Ich selber zähle mich zu dieser Mehrheit, aber ich möchte mein Schweigen durchbrechen, indem ich meine Meinung aufschreibe. Es ist meine Sicht der Dinge. Ich will mir nicht anmaßen, dass ich die schweigende Mehrheit vertrete. Aber ich will nicht schweigen.

Bist Du nicht meiner Meinung? Prima, lass es mich wissen. Jeder zusätzliche, konstruktive Standpunkt macht mich und die Diskussion um den besten Weg reicher. Das ist der hohe Wert unserer Demokratie. Wir leben in einem der wohlhabendsten und freiheitlichsten Länder der Erde. Wer mir das nicht glaubt, dem empfehle ich statt nur Urlaub im Ausland zu machen, mal dort zu leben und zu arbeiten. Ich habe in anderen Ländern gelebt und andere Systeme kennengelernt, aber Europa ist die Freiheit, in der ich leben möchte. Das Gute ist der Feind des Besseren. Und besser kann es schon noch werden in unserem Land.

Politik ist ein hartes Geschäft. Für die in Verantwortung stehenden Menschen ist ein Einsatz „rund um die Uhr" keine Seltenheit. Dazu braucht man sich nur die Terminkalender der handelnden Personen anzuschauen. Das sieht für mich nach einer 80 Stundenwoche aus (oder mehr), 7 Tage die Woche im Einsatz, sprich kein Wochenende und der 1-2 wöchige Urlaub wird 2-3 mal unterbrochen, bzw. täglich durch die neuen Nachrichten beeinflusst und auch noch von Pressevertretern begleitet. Von Erholung und Abschalten keine Spur. Und dann muss die Politik noch den Blödsinn und die Drohungen von Menschen ertragen, die sich hinter der anonymen Maske in den „sozialen" Medien verstecken. Bei aller Kritik möchte ich allen demokratischen Politkern, die in der Verantwortung stehen, meinen Respekt für ihren Einsatz aussprechen.

Eine Herde Schafe

Am liebsten hätte die Politik uns Bürger wie eine Herde Schafe. Wir werden schön sortiert in Böcke, Wollschafe, schwarze Schafe und Lämmer. So können sie uns einfacher handhaben, weil wir in Gruppen mit Eigenschaften und Vorlieben eingeteilt werden. Im Alltag begegnet uns das mit Farben wie rot, schwarz, grün, blau, gelb oder braun. Uns alle so einer Gruppe zuzuordnen, macht es für die Politik einfacher und es erhält ihre Macht und darum geht es doch in der Politik, oder? Denn gehörst Du erst einmal zu einer Gruppe, hast also Deine Farbe gelernt, dann wirst Du vereinnahmt und die Partei kann auf Dich als Wähler bauen. Da kann man die verschiedenen Farben herrlich aufeinander losgehen lassen und sich zurücklehnen. Was ist eigentlich zur Abwechslung mal mit kariert?

Sind wir Bürger wirklich so? Ich glaube nicht, denn sonst würde es vor einer Wahl nicht so viele unentschlossene Wähler geben, die sich erst in den letzten Wochen oder sogar Minuten entscheiden, was sie ankreuzen. Den Ausschlag gibt öfter mal ein Ereignis oder eine Krise, die sich kurz vor dem Wahltermin abspielt. Die Oder-Flut mit Gerhard Schröder in Gummistiefeln, das ungeschickte Lachen von Armin Laschet bei der Überschwemmung im Ahrtal, die Coronakrise mit den vielen Wendungen der Ereignisse, usw.. Und anschließend rühmen sich dann der Gewinner und die Strategen seiner Partei, sie hätten den richtigen Plan gehabt. Dass ich nicht lache, es war das Ereignis, der schwarze Schwan und eventuell die Reaktion darauf, die häufig den Gewinner machen.

Noch einfacher macht die Politik es sich mit der Einordnung von rechts über die Mitte nach links. Damit kannst Du alles abbürsten, jeden in eine Ecke stellen und ihn möglichst schnell mundtot machen. Das geht selbst mit der Mitte, denn die kann man schön als altbacken, langsam und rückwärtsgewandt einteilen oder sie hat einfach nicht die Zeichen der Zeit erkannt. Bist Du auf der einen Seite der Skala und die gegenüberliegende Seite macht einen durchaus vernünftigen Vorschlag (die Idee hätte man selber gerne gehabt), dann brauchst Du Dich gar nicht damit zu beschäftigen, das kommt ja von einer Gruppierung, die sowieso auf der falschen Seite steht. Es werde Etiketten verteilt und dem anderen auf die Stirn geklebt, statt sich mit der Sache auseinanderzusetzen. Ist ja auch viel leichter. Um der Abgrenzung willen werden Vorschläge und Beiträge anderer Meinungen sofort abgelehnt. Manchmal habe ich den Eindruck, das passiert ohne es im Detail überhaupt gelesen zu haben, die Überschrift und der Absender reichen und schon ist der Stempel drauf.

Viele Bürger passen gar nicht in diese Muster hinein. Ich für meinen Teil will das auch gar nicht, ich fühle mich wohl dabei, kariert zu sein. Ich sympathisiere mit Ideen und Vorstellungen, die aus den verschiedensten demokratischen Parteien kommen. Natürlich kann es sein, dass ich mich in einer Blase von karierten Menschen bewege und deshalb die einzelnen Parteien nicht richtig verstehe. Aber daran sieht man schon, dass ich eher Bürger und nicht Politiker bin, denn bei denen ist öffentliche Selbstkritik tödlich für die Karriere.

Weil ich finde, dass unsere Politik wichtige Themen zwar laut betont, aber nichts Wesentliches daran macht, schreibe ich es mir vom Leib. Das, was ich vermisse, und auch, wo ich finde, dass unsere Demokratie Erneuerungs-/Änderungsbedarf hat. Aber es gibt sicher noch viele Themen/Probleme mehr, aber ich wollte mich auf wenige Schwerpunkte beschränken. Alles in der Hoffnung, dass sich etwas daran ändert, weil das andere auch so sehen.

Klimapolitik

Unsere Erde wird ständig wärmer, die Pole schmelzen, der Wasserspiegel der Weltmeere steigt und die Unwetter in fast allen Teilen der Welt nehmen zu. Menschen werden Regionen verlassen müssen, in denen ihre Vorfahren seit Jahrhunderten gelebt haben. Teile der Welt werden unbewohnbar, vertrocknen oder werden überflutet. Es ist zunächst einmal egal, ob es Menschen gemacht oder ein langfristiger Zyklus ist. Wollen wir unsere Natur/ Lebensraum und vor allem den unserer Kinder und Enkel schützen, müssen wir etwas tun. Und das möglichst schnell. Nur dann können wir die Erwärmung eindämmen. Ob wir sie überhaupt noch auf 1,5 Grad beschränken können, da habe ich manchmal meine Zweifel. An manchen Stellen werden wir uns wohl zusätzlich überlegen müssen, wie wir mit dem Klimawandel leben können.

Höchste Priorität

Das Erreichen des 1,5 Grad Zieles hat also höchste Priorität? Ja oder nein? Wenn ja, dann ist diesem Ziel sehr vieles unterzuordnen. Es wird noch ein paar weitere Ziele geben, die auf ähnlich hoher Stufe eingeordnet sind: Bildung, Lebensunterhalt, Gesundheit, Freiheit....? Die Liste könnte lang werden und zu spannenden Diskussionen führen. Aber wenn die Politik festlegt, die 1,5 Grad sind das oberste Ziel und wir brauchen schnell Erfolge, dann erwarte ich, dass andere Entscheidungen dem untergeordnet werden. Und alle Beispiele, die ich jetzt nenne, können zu jeder Menge Diskussionen führen. Und sie zeigen mir, dass in der Politik die Rubrik WICHTIG sich leider je nach Windrichtung ändert.

Beispiel 1 ist die Debatte um den Stickoxidausstoß. Für mich als Ingenieur ist es ein Fakt, dass der Diesel weniger CO2 ausstößt als ein gleicher Benziner. Konsequenz wäre, dass man den neuesten Diesel bevorzugt hätte, insbesondere, wenn er die gesetzten Grenzwerte der Stickoxide einhält. Es gibt aber nichts dagegen einzuwenden, dass man versucht alte Diesel, die das nicht tun, von der Straße zu bekommen. Was aber passiert? Die Politik und Interessenverbände brechen eine Diskussion und Aktivitäten vom Zaum, die dazu geführt haben, dass immer weniger Diesel gekauft werden. Und was wird stattdessen gekauft? Benziner mit höherem CO2-Ausstoss, denn das Angebot von Elektroautos war zu dem damaligen Zeitpunkt klein bzw. war für die meisten Käufer preislich nicht zu erreichen und die Ladeinfrastruktur dünn. Nun fahren also vermehrt Benziner durch die Gegend und das erhöht den CO2 Ausstoß. Nun höre ich sofort das Argument Gesundheit, die kann man nicht gegen das Klima ausspielen. Richtig oder falsch, auch der Klimawandel ist ein gesundheitliches Problem, z. B: durch echte erhöhte Todeszahlen durch Hitzeperioden. In meinen Augen halten die Grenzwerte für Stickoxide keiner solchen Prüfung stand. Abgeleitet von der WHO aus den „Abgasen" eines Gasherdes in der Küche und mit unglaublichen Schätzungen und Vermutungen über die Zahl der Stickoxidopfer hochgerechnet, ist hier ein sehr wackeliges Gebäude aufgerichtet worden. Beim Klimawandel wird immer eifrig die wissenschaftliche Basis der Studien angeführt. Bei den Stickoxiden operiert man plötzlich ziemlich außerhalb der Wissenschaft. Es gibt natürlich immer einen, der das gewünschte Argument wissenschaftlich untermauert, aber das rechtfertigt nicht, den Klimawandel hinten anzustellen. Aber genau das ist passiert.

Beispiel 2 ist das Wort Kernenergie. Da zucken wir Deutschen zusammen. Wir sind auf der Welt zum Geisterfahrer geworden. Außer uns hat kaum jemand diese Technologie verbannt. Natürlich entsteht beim Bau eines Reaktors (wie auch beim Bau jeder anderen Stromerzeugung) CO2. Aber im Betrieb ist es eine der CO2 ärmsten Möglichkeiten der Stromerzeugung. Viele andere Länder erhöhen ihren Anteil an Atomstrom. Unsere Politik zieht diese Technologie nicht in Erwägung, obwohl wir bis jetzt nicht wissen, wo unser Strom herkommen soll (dazu später mehr). Wir haben/hatten mit die sichersten Kernkraftwerke, aber wir schalten sie ab. Trägt etwas nur das Wort „Kern" in sich, darf darüber nicht mal diskutiert, geschweige denn geforscht werden. Wenn CO2 1.Priorität hat, dann muss darüber diskutiert werden, die vorhandenen Anlagen länger laufen zu lassen und dafür könnte der viel diskutierte Kohleausstieg beschleunigt werden bzw. weniger neue Gaskraftwerke gebaut werden, deren Bau und Betrieb mit fossilem Gas auch CO2 produzieren. Wollen wir uns wirklich in eine noch höhere Abhängigkeit von Gas aus Russland oder anderen wackeligen Staaten begeben? Schon heute kommen 55% aus dem Land, das den Krieg mit der Ukraine angefangen hat. In meinen Augen muss der Plan zu den Gaskraftwerken revidiert werden, weil Verlässlichkeit eines Lieferanten anders aussieht. Alle Gesprächspartner vor dem Ausbruch des Krieges wurden in Moskau nach Strich und Faden belogen, unterschriebene Verträge ignoriert. Die gleichen Machthaber sitzen am Ventil, mit dem sie uns jederzeit den Gashahn zudrehen können. Statt auf mehr auf Gas zu bauen, was immerhin ein fossiler Brennstoff ist, sollten wir möglichst schnell versuchen, unseren Gasbezug aus Russland drastisch zu reduzieren. Im Sinne unserer Unabhängigkeit.

Es muss eine Offenheit für alle Technologien herrschen, wenn der Klimawandel aufgehalten werden soll. Autos mit Verbrennungsmotor können auch mit synthetischen Kraftstoffen fahren, die aus regenerativer Energie hergestellt wurden. Wir haben vielleicht ein Stromnetz, das den Schwenk auf Elektroautos leisten kann (das muss erst noch bewiesen werden), aber was ist mit Afrika? Dort ist eine flächendeckende Versorgung mit Ladesäulen im nächsten Jahrzehnt eine Utopie. Oder wie ist es mit Carbon Capture, also dem Entziehen von CO2 aus der Luft, das dann verflüssigt und z.B. in alten

Gaslagerstäten eingelagert wird. Das wurde in Deutschland aus ideologischen Gründen gesetzlich verboten, anderswo wird es bereits praktiziert. Und wie wäre es mit weiterer Forschung auf dem nuklearen Gebiet, um andere Formen der Kernspaltung/-fusion zu finden, die auch in den Augen eines Deutschen gefahrlos sind? Auch das zu Recht gebrachte Argument der nicht geregelten Entsorgung ruft in meinen Augen nach Forschung. Vielleicht finden wir einen Weg einer sicheren Beseitigung der Abfälle aus Kernkraftwerken. Dass es kein sicheres Endlager in Deutschland gibt, ist ein altes immer weiter geschobenes Versäumnis der Politik, seit Jahrzehnten. Die Politik selbst hat eine Entscheidung verhindert. Das liegt ja weit in der Zukunft und deshalb Finger weg, das könnte die nächste Wahl kosten. In der Vergangenheit wurden sogar in Deutschland zwei sicherere Technologien erfunden: der Kugelhaufenreaktor und der Dual-Fluid-Reaktor. Bei dem ersten wird das Brennstoffkügelchen von einer diamantharten Schicht aus Siliziumkarbid umschlossen, die auch bei anschließender Lagerung bis zu einer Milliarde Jahre stabil bleibt und damit der Müll sicher eingelagert ist. Beim zweiten kann der anfallende radioaktive Müll auch aus anderen Reaktoren immer wieder mit verbrannt werden. Es würde nur der Müll des letzten Reaktors übrigbleiben. In Deutschland wurden beide Technologien gestoppt – wohl nicht nur aus rationalen Gründen. Die Chinesen erfreuen sich übrigens inzwischen dieser beider Technologien. Wir werden das Rennen gegen die steigende Temperatur nicht ge-winnen, wenn wir nicht technologieoffen sind und andere Wünsche die erste Priorität auf Platz 2 schieben.

Elektroautos

Ist das Elektroauto die Lösung unserer Probleme? Ich bin mir da nicht so sicher. Vielleicht kommt es auf den Rahmen an.

Schaue ich auf Deutschland und Europa, ja das könnte gut sein. Voraussetzung ist, dass wir es schaffen müssen, die entsprechende regenerative Energieerzeugung massiv zu beschleunigen, damit das

Auto sowohl bei seiner Produktion wie im Betrieb und der späteren Verschrottung CO2 neutral bleibt. Wir fahren dann mit gutem Gewissen durch die Lande und die Städte und kein Abgas kann das Wässerchen trüben. Ich bin auch überzeugt davon, dass die europäische Autoindustrie diese Revolution schafft, denn sie ist jetzt konzentriert dabei (wie oben 1. Priorität, dem wird dort tatsächlich alles untergeordnet).

Aber der Klimawandel und die Umwelt sind ein globales Problem, das nicht an den Grenzen Deutschlands oder Europas halt macht. Meine Überzeugung bekommt mehr als nur einen Dämpfer, wenn ich mir anschaue, was in den Ländern passiert, in denen die Rohstoffe insbesondere für die Batterien und die Vernetzungstechnologie aus dem Boden geholt werden. An vielen Stellen geschieht das unter menschenunwürdigen Bedingungen und genauso schlimm, der Abbau in der momentanen Form hinterlässt eine zum Teil vergiftete Umweltwüste und Menschen werden aus ihren angestammten Lebensräumen entfernt oder netter gesagt verdrängt. Um das zu untermauern, mögen 3 Beispiele genannt werden: Im Kongo werden ca. 60 % des für Batterien benötigten Kobalts abgebaut, der nach momentanen Stand der Batterietechnik gebraucht wird. In den Minen kommt es zu Kinderarbeit, Toten in unsicheren Stollen und zurück bleibt eine riesige Wunde in der Natur. Als zweites Element wird Lithium benötigt, das zu ca. 40 % aus Chile kommt. Bei der Gewinnung werden Unmengen Wasser gebraucht und das in der trockensten Wüste der Welt: Atacama. Da bleibt kaum noch ein Tropfen für die Menschen übrig, die dort leben. Aber sie brauchen es zum Trinken und zur Bewässerung ihrer Felder. Für die IT im Auto (das ist ja eher ein Computer auf vier Rädern) und die Elektromotoren werden Seltene Erden gebraucht, die zu 90% in China abgebaut werden. Die Arbeitsbedingungen und die Umweltauflagen lassen sehr zu wünschen übrig. Beim Abbau entstehen hochgiftige Stoffe, zum Teil sind sie radioaktiv. Die Verarbeitung erfordert ätzende Säuren und der ganze Prozess findet mit ziemlich veralteten Verfahren statt. Zurück bleiben kranke Menschen und eine vergiftete Umwelt.

Wir machen obendrein den gleichen Fehler, wie bei der Kernkraft. Wäre die Entsorgung und Unschädlichmachung der radioaktiven Abfälle frühzeitig angegangen und entwickelt worden, dann wäre die Diskussion um diese Technologie wohl kleiner. Wo sollen die Abermillionen Batterien der E-Autos am Ende der Lebensdauer hin, wie werden sie sicher recycelt? Heute hat ein Auto nur eine Starterbatterie, in Zukunft ist der ganze Autoboden voll damit. Und die halten nach momentanem Stand nicht solange wie das Auto. Die Entsorgung und das Recycling der Batterien gehören zum Plan der Verkehrswende dazu, ist aber bisher völlig vernachlässigt worden.

Das Fazit ist momentan für mich, wir kommen am Elektroauto nicht vorbei (denn der rare grüne Wasserstoff wird für den Schwerlastverkehr und die Industrie gebraucht), aber wir machen uns ein gutes Gewissen (frag mal einen E-Autofahrer, wie gut er sich fühlt) auf Kosten einer zerstörten Lebensbasis in anderen Ländern. Für ein besseres Gewissen braucht es:

-mehr Förderung für die Forschung, Batterien mit anderen Rohstoffen herzustellen, die umweltfreundlich erschlossen werden können

-alternative Förderstandorte in umweltbewussten Ländern mit entsprechend streng umgesetzten Gesetzen und

-den Druck auf die momentanen Förderländer, ihre Art des Rohstoffabbaus erheblich zu verbessern.

Und das ist kein entweder oder, sondern alle drei Maßnahmen werden gebraucht.

Stromerzeugung

Deutschland verbrauchte in 2019 515 Tera Watt Strom aus der öffentlichen Stromerzeugung (Frauenhofer Institut). Betriebe die ihren eigenen Strom erzeugen sind nicht mitgezählt. Wie viel Strom wird es im Jahre 2045 sein, wenn wir klimaneutral sein wollen? Ich habe mehrere Schätzungen gelesen und ich nehme einfach den runden Wert von 1000 TWatt. Für die Menge im Jahr 2019 möchte ich eine „vereinfachte Milchmädchenrechnung" anstellen, um meine Sorgen dazu zu untermauern.

Die Stromerzeugung teilte sich wie folgt auf:

Kohle	150 TWatt
Gas	54 TWatt
Kernenergie	71 TWatt
Regenerative Energie	237 TWatt
Sonstige	3 TWatt
Gesamt	515 TWatt

Da wir Kohle, die Kernenergie und Sonstige abschalten wollen, bleiben mit den heutigen Möglichkeiten noch 515-224=291 TWatt übrig. Es tut sich also für 2045 eine Differenz auf von rund 700 TWatt und da ist immer noch das fossile Gas dabei, was nach momentanen Plänen als Übergang noch erhöht werden soll. Was für eine volkswirtschaftliche Verschwendung. Wir schalten fast CO2 freie Kernkraftwerke ab und nehmen viel Geld in die Hand um zusätzliche Gaswerke zu bauen. Der Bau erzeugt übrigens auch noch jede Menge CO2. Aber diese Kraftwerke sollen auf grünen Wasserstoff umstellbar sein, denn wir brauchen solche Kraftwerke für die Netzstabilität und wenn nachts kein Wind weht und nur der Mond scheint. Nehmen wir das Gas also auch noch raus, dann brauchen wir neue Quellen der Stromerzeugung in Höhe von 763 TWatt. Sehen wir diese Zahl, dann wissen wir, welches dicke Brett Deutschland hier zu bohren hat, denn das ist mehr als 3 mal so viel zusätzliche Energie, wie wir heute mit regenerativen Möglichkeiten erzeugen. Das scheint ja mit knapp 25 Jahren ein durchaus langer Zeitraum zu sein. Aber nach momentanen Plänen sollen Kernenergie und Kohle bereits 2030 abgeschaltet sein. Das Bundeswirtschaftsministerium (Juli 2021) schätzt für 2030 den Verbrauch auf 655 TWatt. Aber das ist eine Zahl der alten Regierung. Die Ampelkoalition wird mit ihren Plänen diese Zahl wohl erhöhen. Warum? 15 Millionen Elektroauto brauchen Strom, der bisher aus Benzin und Diesel gedeckt war. Ölheizungen sollen durch Wärmepumpen ersetzt werden und Schwerlastverkehr und die Industrie brauchen grünen Wasserstoff, der aus regenerativem Strom hergestellt wird. Bei allen großen Ankündigungen der Ampel-Koalition erwarte ich, dass deren Pläne und Geschwindigkeit über die der alten Regierung hinausgehen, mit dem Resultat, dass wir 2030 mehr Strom als bisher veranschlagt brauchen werden.

Die Regenerativen müssen also von 237 auf 655 in 2030 bzw. 1000 TWatt in 2045 vergrößert werden. Wo ist der detaillierte Plan dafür? Im Bundestagswahlkampf 2021 wurde viel mit Worten um sich geworfen: Energiewende, Erneuerung, Zukunftskoalition, progressive Kräfte. Alles leere Worthülsen. Mir fehlt der konkrete Plan, was, wann, wo. Mir ist klar, dass der nicht einfach ist, aber ohne ihn kommen wir nirgendwohin, alles bleibt zielloses Stückwerk. Vielleicht gibt es ihn ja, aber niemand traut sich, ihn zu veröffentlichen. Die Bekanntgabe würde zwar eine Riesendiskussion lostreten. Aber in meinen Augen muss die sein. Wenn am Anfang einer Reise alle wissen, wie schwer es wird, dann ist es leichter mitzugehen. Natürlich wird es Personen geben, die alles komplett ablehnen. Aber die würde ich als Minderheit sehen. Die große Kunst und ein erheblicher Teil des Erfolges wäre eine klare, verständliche Kommunikation, was der Inhalt des Planes ist. Die Politik muss sich trauen, der Bevölkerung reinen Wein einzuschenken. Große Zurückhaltung bei der Wahrheit ist zum Teil verantwortlich für die Wirrungen und Frustrationen der Coronakrise, wo ich vermehrt das Gefühl hatte, dass manche Politiker nicht den Mut hatten, der Bevölkerung klare Ansagen zu machen oder restriktive Maßnahmen früh genug zu ergreifen. Es wurden eher gute Nachrichten durch die Verantwortlichen verteilt. Das ist halt einfacher und lässt den Überbringer kurzfristig gut aussehen (hoffte er zumindest). In Bezug auf die Klimapolitik heißt das, wir werden unsere Art zu leben anpassen müssen. Bei der Politik hatte ich bei vielen Aussagen den Eindruck: Das kriegen wir hin, ohne dass ihr -die Bevölkerung- es überhaupt merkt. Das halte ich für ausgemachten Blödsinn, es wird uns massiv betreffen. Bei offener Kommunikation ist nicht die Wirkung zu unterschätzen, dass ein möglichst großer Teil der Bevölkerung diesen Plan dann kennt und ihn unterstützt. Daraus kann sich eine Dynamik entwickeln, dass es schick ist mitzumachen. Dann vervielfachen sich die Köpfe und Hände, die an dieser gewaltigen Krise arbeiten. Ohne eine Beteiligung der Bevölkerungsmehrheit wird es gewiss nicht klappen.

Ich habe aber auch Schätzungen gelesen, die von 3000 TWatt Strombedarf in 2050 ausgehen. Dafür müssten wir ein Viertel der Fläche von Deutschland mit 330.000 Windkraftanlagen bedecken. Da das utopisch ist, müssten wir dann große Mengen Strom aus anderen Ländern importieren, der durchaus auch aus Kohle- und Kernkraftwerken gewonnen wird. Dann ist es eine gewaltige Mogelpackung.

Die obigen Betrachtungen beziehen sich auf den aktuellen Stromverbrauch. Um die zukünftigen Bedarf an Elektrizität zu erahnen, kann man sich auch die Statistik der in Deutschland verbrauchten Primärenergie ansehen (Arbeitsgemeinschaft Energiebilanzen). Die Prozentsätze des Jahres 2021, woher welche Energie kam, sind entwaffnend: 3,3% aus Windkraft, 1,5 % aus Photovoltaik, 8,5% aus Biomasse und 2,5 % aus Wasserkraft und ähnlichem. In Summe schaffen wir im Moment 15,9% unserer Energieversorgung - also nicht nur Strom- aus erneuerbaren Energie. Stattliche 76,3 % % kommen aus fossilen Brennstoffen (Öl, Gas und Kohle), nur noch 6,1% aus Kernenergie. Einen Großteil dieser fossilen Energie wollen wir durch Photovoltaik, Windkraft und grünen Wasserstoff, der auch aus Strom hergestellt wird, ersetzen. Es zeigt diese Jahrhundertaufgabe, die wir in einem Jahrzehnt bewältigen wollen. Obendrein wirkt der Krieg in der Ukraine wie ein ungewollter Beschleuniger, der im Prinzip eine weitere Verkürzung zur Reduktion der Abhängigkeiten bedingt. Ich kann mich des Eindrucks nicht erwehren, das viele in der Politik mit einer gewissen Naivität an diese monströse Aufgabe gehen. So viele Dächer und Flächen für Wind-kraftanlagen haben wir gar nicht und die schnelle Umsetzung solcher Projekte ist nicht gerade eine deutsche Stärke. Vielleicht sollten sie Elon Musk engagieren. Sich alleine auf diese Pfeiler zu verlassen, ist in meinen

Augen fahrlässig. Woher nehmen sie ohne einen klaren Plan diese Überzeugung? Sie wollen sogar schon das Gasnetz zurückbauen, obwohl das bis zum Kriegsbeginn in der Ukraine noch als wichtige Übergangstechnologie galt. Das ist mir viel zu sprunghaft und hinterlässt bei mir den Geschmack der Planlosigkeit und Engstirnigkeit. Kommt endlich zu einer realistischen Perspektive mit großer Offenheit für verschiedene Technologien. Das Ziel ist CO2-Eliminierung, nicht Ideologie.

In diesem Plan wird es noch Positionen der Hoffnung geben, denn wir werden auch auf Forschung und Entwicklung in Hochschulen und Unternehmen setzen müssen. Aber diese Projekte müssen heute definiert sowie finanziell und organisatorisch unterstützt werden. Dann können sie in der Zukunft zur Energieerzeugung, -verteilung und -einsparung beitragen. Dabei ist dann Mut zu Verlusten gefordert, denn nicht alle diese Projekte werden zum Erfolg führen. Das muss mehr im Geiste eines Risikokapitals passieren, statt im langsamen, bürokratischen Verfahren, wie sonst Fördermittel vergeben werden. Wir brauchen jetzt mehr Projekte als benötigt, denn nur ein Teil wird zum Erfolg beitragen. Und welche Erfolg haben werden, ist ein Blick in die Kristallkugel.

Damit endlich die Priorität auch durchgesetzt wird, braucht es eine alle Ministerien erfassende Vetofunktion des Ministeriums, das für die Bekämpfung des Klimawandels zuständig ist. Hat ein Gesetz oder eine Verordnung einen Einfluss auf das Klimageschehen, dann ist es dem Vetominister vorzulegen und es braucht seine Genehmigung.

Bürokratiemonster

Einer der Gründe für den Untergang des römischen Reiches neben etlichen anderen war die maßlose und lähmende Bürokratie, um sicherzustellen, dass das Reich ein Höchstmaß an Steuern und Abgaben vom Bürger und der Wirtschaft wirklich abschöpfen konnte.

Dass wir Deutsche gerne alles ganz genau geregelt haben möchten, dass wir alles und jeden schützen müssen und alles gerecht sein muss, wird für uns in der Bewältigung des Klimaproblems (und auch sonst) zum Nachteil. Wo wir früher ein Jahr gebraucht haben, um etwas zu bauen, brauchen wir heute fünf allein für das Genehmigungsverfahren. Nicht falsch verstehen, darin liegt auch ein großer Wert für unsere Gesellschaft, denn die Willkür, von wem auch immer, wird stark beschränkt oder sogar ausgeschaltet. In meinen Jahren in China habe ich gesehen, wie Menschen am Abend einen Zettel an der Tür hatten, das übermorgen der Bulldozer kommt und ihr Haus plattmacht, einfach so (es sollte eine Hochhaussiedlung an diese Stelle). Das kann bei uns in Deutschland zum Glück so nicht passieren.

Aber wir haben es zu weit getrieben, denn es lähmt inzwischen bzw. schon seit längerem unsere Entwicklung. Dazu ein kleines Beispiel, was uns bei dem Ausbau unserer Dächer mit Solaranlagen reichlich hindern wird.

Willst Du eine Photovoltaikanlage auf das Dach Deines Ein-/Zweifamilienhauses bauen? Davon gibt es in Deutschland immerhin 16 Millionen und die haben alle ein Dach, egal ob flach oder spitz, da kann Strom erzeugt werden. Je nach Dachneigung, der Himmelsrichtung und der Sonnenscheindauer kann damit der eigene Strombedarf zum Teil gedeckt werden und der Rest wird ins öffentliche Netz eingespeist. Aber bevor das losgeht, müssen der Anlagenbauer und der Hauseigentümer zusammen ca. 25 Seiten Anträge ausfüllen: an die Bundesnetzagentur, beim Netzbetreiber und beim Finanzamt. Kommt noch ein Batteriespeicher zur höheren Eigennutzung dazu, muss auch der angemeldet werden. Ich wette, dass in jedem Antrag zu 80 % derselbe Inhalt auszufüllen ist: Vorname, Familienname, Straße, Hausnummer, Telefon, Anlagenleistung, Schuhgröße des Inhabers, etc. . Nach Aussage eines Anlagenbauers reicht für die gleiche Anlage installiert in den Niederlanden 1 Seite aus. Möchtest Du auch noch eine Förderung und/oder Finanzierung der staatlichen KfW-Bank? Hurra, noch ein – oder mehrfach dieselben Angaben in den nächsten Antrag. Dazu kommen im Prinzip 3 zusätzliche Steuerklärungen: eine für die Umsatzsteuer alle 3 Monate plus 1x jährlich, eine Erklärung für die Gewerbesteuer und nach Abschluss des Jahres eine Gewinn- und Verlustrechnung für die Einkommenssteuer-erklärung. Von letzterer kannst Du auf Antrag befreit werden, wenn Deine Anlage weniger als 10 kW installierte Leistung hat (großzügige Regelung des Bundesfinanzministeriums auf Drängen von Baden-Württemberg). Du wolltest eigentlich nur Deinen eigenen Strom produzieren (deshalb auch mit Batterie) und mit Deinem Geld einen Beitrag zum Verlangsamen des Klimawandels leisten. Aber die Bürokratie dazu ist auf Abschreckung getrimmt. Wenn der Haus-besitzer dann merkt, dass er für die Eigennutzung seines Stromes Umsatzsteuer und Gewinnsteuer zahlen soll plus den enormen Papieraufwand, dann sagt er sich im Zweifelsfalle, ich lass das oder ich bleibe unter 10 kW. Unsere Finanzämter scheinen dringend nach Arbeit zu rufen, ohne dass es zu Mehreinnahmen durch Steuern kommt. Baust Du einen Speicher mit ein, bist Du in der Rechnung des Finanzamts über 20 Jahre Lebensdauer der Anlage immer in den Verlusten, auch bei einer 20 kW-Anlage (zum Glück ist die Rechnung für Dich persönlich positiv). Bei heutigen rapide gestiegenen Anlagenpreisen und weiter reduzierten Einspeise-vergütungen bleibt auch ohne eine Batterie kaum ein Gewinn über 20 Jahre übrig, wohlgemerkt in der Rechnung des Finanzamtes. Also was macht der Bürger? Er installiert eine kleine Anlage mit 9,99 kW, obwohl die Dachfläche für 15 bis 20 kW bei den meisten Häusern da wäre. Schneller Ausbau der regenerativen Energien? Thema verfehlt durch Setzen falscher Rahmenbedingungen, Note 6, setzen.

Warum bitte ist das so kompliziert? Ich verstehe, dass Informationen fließen müssen (siehe Niederlande). Aber nichts funktioniert hinterher besser, nur weil vorher endlose Daten geliefert werden müssen. Durfte hier jeder Bearbeiter und jedes erdenkliche Ressort ein paar Wünsche äußern, dass solch eine „Papierflut" zusammengekommen ist? Wo ist der Minister, der oberste Beamte, der diese Komplexität schon vor der Ver-öffentlichung stoppt? Habe ich das noch richtig in Erinnerung, dass der frühere Kanzler Konrad Adenauer nur Entscheidungsvorlagen akzeptierte, die maximal eine DIN A4 Seite lang waren? Es wird Zeit, dass wir seine Effizienz wieder aus der Schublade holen. Und das nicht nur für Solaranlagen.

Hier kommt mein Vorschlag für Photovoltaikanlagen auf selbstgenutzten oder unentgeltlich überlassenen 1- und 2-Familienhäusern bis 30 kW:

- die Investition und die Einnahmen werden von der Umsatzsteuer generell befreit. Die MWST für die Investition holt sich der Hausbesitzer sowieso wieder und macht dafür 5 Jahre lang insgesamt ca. 10 „Steuererklärungen"
- eine Gewinn- und Verlustrechnung muss nur gemacht werden, wenn der Hausbesitzer das wünscht, um Verluste geltend zu machen
- eine generelle Befreiung von der Abgabe einer Erklärung zur Gewerbesteuer (da wird sowieso nur festgestellt, dass es durch den Freibetrag von € 24.500 keine Steuer gibt)
- Nutzung der Kapazitäten der Finanzämter für etwas Sinnvolles, denn bei den heutigen Einspeisevergütungen von 6 Cent pro Kilowattstunde oder 7,1 Cent nach den neuen Plänen der aktuellen Regierung wird sowieso kein Gewinn mehr gemacht. Dazu kommt die inflationäre Preiserhöhung für die Komponenten.
- dafür Einstellung der Förderung, für die schon wieder Formulare gebraucht werden (auch für die Behörden).

Um Aufwand zu schätzen, mag ich simple Betrachtungen, da sie zu 80% stimmen (weiß aber, dass die genaue Realität etwas anders aussehen kann). Bei noch 14 Millionen zusätzlichen möglichen Anlagen auf 1 bzw. 2-Familienhäusern kommen jährlich:

- 14 Millionen Anmeldungen von PV-Anlagen beim Finanzamt (das sind Extraformulare!)
- 14 Millionen zusätzliche Gewinn- und Verlusterklärungen

- dazu zumindest 5 Jahre lang jährlich 14 Millionen Umsatzsteuererklärungen plus 56 Millionen Quartalsmeldungen
- plus einmal 14 Millionen Gewerbesteuererklärungen
- obendrein muss die PV-Anlage bei der Gemeinde als Gewerbebetrieb angemeldet werden.

Das macht dann für das Jahr eins 116 Millionen Verwaltungsvorgänge, die völlig unnütz sind. Ein wunderbares Beispiel für die Bürokratiewut in unserem Staat. In den Folgejahren sind es dann bei einer Befreiung von den Umsatzsteuer Quartalsmeldungen 28 Millionen, die wir vergebens von Ämtern bearbeiten lassen. Denn der Staat wird durch diese Anlagen kaum oder gar keine Steuern eintreiben können (wer es nicht glaubt, ich rechne es ihm gerne vor). Ich habe extra vergebens geschrieben, denn umsonst ist das natürlich nicht. Das braucht einen kostenintensiven Apparat. Und komme mir keiner damit, der ist eh da. Wenn er die Kapazität hat und nicht gebraucht wird, gehört dieser Teil abgebaut. Dem investierenden Bürger, der nicht vorhatte, ein Gewerbe zu gründen, wird damit die Investitionsentscheidung erheblich erleichtert, statt dass er geschockt vor diesem Bürokratiemonster zurückschreckt. Und volkswirtschaftlich gesehen, wird auch auf Seiten des Bürgers erheblich Zeit gespart, die er für etwas anderes nutzen kann. Will er sich aus Gründen des Selbstschutzes einen Steuerberater nehmen, spart das auch noch Geld, denn er braucht keinen.

Die kleinen Anlagen von bis zu 10 kW haben noch eine weitere Folge. Wir haben sowieso ein Problem damit, dass es gar nicht genug Kapazität bei den Handwerksfirmen gibt, um die gewünschten Schwung in den Ausbau der Photovoltaik zu bringen. Bestellst Du heute (7/2022) eine solche Anlage, dann beträgt die Lieferzeit, bis sie auf dem Dach ist, 6-12 Monate oder sogar mehr, denn die Installationsbetriebe sind mehr als ausgelastet (von den stockenden Zulieferungen der Komponenten aus China ganz zu schweigen). Die Beschleunigung durch mehr Mitarbeiter scheitert daran, dass es dieses Fachpersonal auf dem Arbeitsmarkt nicht gibt. Dieses grundsätzliche Problem scheint die Regierung überhaupt noch nicht auf Ihrem Schirm zu haben. Das zeigt mir, dass hier kaum Menschen aus der Praxis beteiligt sein können. Durch eine geringere Bürokratie könnte bei den Anlagenbauern ein bisschen Kapazität im Büro freigeschaufelt werden. Der größere Effekt lässt sich aber durch größere Anlagen von 20 statt 10 kW erreichen. Warum? Ich spiele bei solcher Betrachtung gerne mit einigermaßen realistischen Zahlen: Der Installateur geht zum Aufbau der Photovoltaikanlage mit 3 Mann auf die Baustelle und braucht insgesamt 90 Arbeitsstunden für 10 kW. Wie teilen die sich auf:

Tätigkeit	Stunden	
	10kW	20 kW-Anlage
Material aus dem Lager holen und auf den LKW laden	4	6
Fahrten Betrieb Baustelle und zurück an 3 bzw. 5 Tagen	6	10
Aufbau- und Abbau Materiallift und Arbeitssicherheit	6	6
Zuschneiden Montagesystem	3	4
Aufbau Montagesystem und Installation der Solarpanel	60	120
Verlegen der Stromkabel, Installation Wechselrichter /Speicher	5	5
Installation Wallbox fürs E-Auto mit Kabelverlegung	3	3
Funktionsprüfung und Abnahme	3	3
Summe	90	157

Gegenüber zwei 10 kW Anlage (180 Stunden) braucht der Anlagenbauer also 23 Stunden weniger, um eine Anlage mit 20 kW zu installieren. In meiner sehr einfachen Rechnung bringt die Firma also 13 % mehr Leistung auf Deutschlands Dächer, ohne das eine einzige Person mehr arbeitet. Es sind die Einmalarbeiten und die Rüstzeiten, die den Unterschied machen. Da ich simple Annahmen getroffen habe, mag der Unterschied zwischen 10 bis 15% liegen.

Neben der drastischen Reduzierung der Bürokratie (Neustart sagte die Koalition doch, oder?) braucht es vom Finanzministerium die Freigabe, dass für Ein-/-Zweifamilienhäuser bis 30 kW Anlagen keine Verpflichtung zu Steuerklärungen haben (es sei denn der Steuerzahler möchte es, um Verluste geltend zu machen). Dann würden viele Besitzer der Häuser die ganze sinnvolle Dachfläche mit Solarpanels belegen und so die Geschwindigkeit des Ausbaus der Photovoltaikanlagen beschleunigen. Und wieviel mehr Leistung damit insgesamt auf 16 Millionen Einfamilienhäuser installiert werden könnte, ist mehr als offensichtlich. Und die KfW muss dem Häuslebauer eine Finanzierung zu niedrigsten Zinsen ermöglichen, damit er das gesamte Dach bebaut und nicht wegen finanzieller Engpässe, die beim Bau immer herrschen, die kleinere Anlage gewählt wird. Leider scheint das Osterpaket des Klimaministers nur vereinfachte Regelungen für die Windkraft zu haben. Für die kurzfristige Erhöhung der regenerativen Energien ist jedoch die Photovoltaik das geeignete Werkzeug. Denn die Windkraftanlage die heute geplant wird, wird erst in einigen Jahren Strom liefern, trotz der versprochenen geringeren Bürokratie. Die PV-Anlage, die heute angeboten wird ist aber Ende 2023 bereits auf dem Dach.

Die Wurzel des Übels

Die folgenden Gedanken sind geeignet, mich in der Luft zu zerreißen (was sicherlich einige tun werden). Daher betone ich vorab, dass ich keinem Menschen sein Lebensrecht abspreche, egal wo, wie und wann.

Mutter Natur hat einen Mechanismus, um die Anzahl einer Spezies zu regulieren. In Spanien gibt es Gebiete, in denen der Luchs fast ausgestorben war. Um ihn -und auch eine Adlerart- wieder anzusiedeln und zu vermehren, mussten sich Tierfreunde darum kümmern, dass es wieder mehr Kaninchen gab, die die Hauptnahrungsquelle des Luchses ist. Sie züchten Kaninchen und setzen sie aus. Mit der steigenden Zahl von Beutetieren ist es gelungen, in geeigneten Gebieten den iberischen Luchs wieder anzusiedeln und seine Anzahl Stück für Stück wieder zu steigern.

Gibt es z.B. durch Krankheiten weniger Kaninchen, geht die Anzahl Luchse zurück. Das gilt für alle Tierarten: wird ihre Nahrungsquelle rasant weniger, dann geht ihre Zahl dramatisch zurück. Das ist insbesondere bei spezialisierten Tieren der Fall. Gibt es keine Eukalyptusbäume mehr (z.B. durch verheerende Feuer in Australien), dann werden die Koala Bären verschwinden. Verschwindet der Bambus in China, sind die Pandabären massiv bedroht.

Zurück zum Menschen. Solange wir Jäger und Sammler waren, galt dieses Gesetz auch für uns. Die Natur bot Wurzeln, Früchte und Nüsse und dazu kam das Jagdglück. Die Menge der verfügbaren Pflanzen und Tiere hat unsere Spezies begrenzt. Als wir sesshaft wurden und die Landwirtschaft begann, haben wir dieses Gesetz ausgehebelt. Je mehr wir dem Boden an Nahrung entlocken konnten, umso grösser wurde unsere Zahl. Und weil die Zahl der Kinder, die ernährt werden konnte, immer grösser wurde, stieg die Zahl der Menschen auf dem Erdball. Wir haben uns in einen teuflischen Kreislauf begeben.

Nach meinem Eindruck gab es zu jedem gewählten Zeitpunkt in der Geschichte der Menschheit seit der Erfindung der Landwirtschaft immer zu wenig Nahrung für die Anzahl Menschen, die gerade auf der Erde lebt. Viel zu viele vegetieren in Armut und hungern. In Indien wissen viele Menschen nicht, ob sie am nächsten Morgen etwas zu essen haben werden. Ich bin zu Fuß durch die Slums gegangen. Das Elend ist kaum zum Aushalten für einen Europäer. Jeder Tag ist ein Kampf ums Überleben. Mit jeder Verbesserung der Landwirtschaft mit anschließend höheren Erträgen, hoffen wir endlich den Hunger zu besiegen. Aber gleichzeitig steigt die Zahl der Menschen. Wir hecheln also ständig nur hinterher. Hase und Igel lassen grüßen.

Was hat das mit dem Klimawandel zu tun? Wir haben die vielfältigen Ursachen der Erwärmung erkannt (CO2, Methan etc.) und ich drücke die Daumen, dass die Menschheit in enger Zusammenarbeit die Katastrophe stoppt. Die Japaner haben in der Industrie eine Methode entwickelt, um Ursachenforschung zu betreiben. Hast Du ein Problem, musst Du 5 Mal *warum* fragen, dann bist Du bei der Wurzel des Übels. Kannst Du diese beseitigen, eliminierst Du dauerhaft das Problem. Bohrst Du nicht so tief, so werden alle getroffenen Maßnahmen den Mangel nur verwalten. Die resultierenden Probleme mögen dadurch kleiner werden, aber das eigentliche Thema verschwindet nicht.

Ich vereinfache das für den Klimawandel, auch wenn es den Gedankengang damit angreifbar macht.

1. Warum haben wir den Klimawandel? Weil wir zu viel CO2 und Methan freisetzen.
2. Warum setzen wir zu viel CO2 und Methan frei? Weil wir fossile Brennstoffe verbrennen und Unmengen Rinder als Nahrungsquelle züchten.
3. Warum verbrennen wir zu viele fossile Brennstoffe und züchten Rinder? Weil alle Menschen versorgt werden müssen.
4. Warum müssen so viele Menschen versorgt werden? Weil sie sonst verhungern.
5. Warum verhungern so viele Menschen? Weil wir zu viele auf diesem Erdball sind, immer mehr werden und es nicht schaffen, alle zu versorgen.

Schlussfolgerung: Die primäre Ursache des Klimawandels ist die ständig wachsende Zahl von Menschen.

Natürlich kannst Du jetzt weiterfragen, warum wir nicht alle versorgt bekommen, aber dann beginnst Du mit einer anderen Fragestellung, einem anderen Thema von vorne. In allen Diskussionen, was zu tun ist, wird die Diskussion um die Anzahl der Menschen tunlichst gemieden. Warum? Es ist, wie ich eingangs des

Kapitels sagte, ein glühend heißes Eisen, in dessen Nähe niemand kommen möchte, geschweige denn, dass er es anfassen will. Der Politik ist es einfach zu gefährlich, es würde Karrieren ruinieren. Andere würden sofort über den Stichwortgeber herfallen, ihm Menschenverachtung, Diktatur, Rassismus oder weiß ich noch was vorwerfen (die typischen Schlagworte der destruktiven Empörung), mit dem Resultat, dass dieser politische Konkurrent dauerhaft ausgeschaltet ist. Damit ist dann die eigentlich konstruktive Diskussion beendet.

Ein paar ca. Zahlen über die Weltbevölkerung mögen die Dramatik untermauern:

Jahr	Bevölkerung in Milliarden	
1800	1	
1900	1,65	
1950	2,5	
2020	7,9	
2050	9,7	Prognose gefunden auf Statista.de
2100	10,8	Es gibt auch noch höhere Schätzungen

Die Zahlen sehen ohne die Nullen so niedlich aus, aber als ausgeschriebene **10.800.000.000** Menschen auf der Erde sprengen sie jede Vorstellungskraft.

Wenn wir diesem Aspekt jedoch keine Beachtung schenken und mit offenen Diskussionen nach Lösungen suchen, dann werden wir dem Klimawandel nicht hinterherkommen, genauso wie bisher bei der Nahrungserzeugung. Aus Sicht eines Landes wie Deutschland schaffen wir es hoffentlich, fast CO2 frei zu leben (außer beim Atmen). Aber das nützt uns nichts, wenn global immer mehr Menschen CO2 und Methan erzeugen und das trotz der Technologie, die in den Industriestaaten entwickelt wird. Wir steigern auf den vorhandenen Flächen die Landwirtschaft und die Erzeugung der Lebensmittel weltweit resultiert in mehr Treibhausgasen. Alle Menschen haben das Recht auf Energie. Warum erhöhen China und Indien die Anzahl der Kohlekraftwerke immer noch? Weil sie es sonst nicht schaffen, die nötige Energie zu produzieren, damit alle Lohn und Arbeit haben (sonst gibt es Unruhen). Indien und Afrika können die regenerative Energieerzeugung gar nicht so schnell ausbauen, wie die Bevölkerung wächst und Strom braucht. Hase und Igel lassen auch hier wieder grüßen. Der Energiebedarf wächst weltweit schneller, als wir die regenerative Energieproduktion ausbauen können. Denn alle diese Menschen haben das gleiche Recht auf Wohlstand wie wir. Wir werden wieder nur hinterherhecheln. Es sei denn, wir finden einen ethisch geprüften und akzeptierten Weg, das ständige Wachstum der Menschheit zu beenden. Holen wir diese verschämte bzw. vermiedene Diskussion aus dem Dunkeln heraus und befassen uns ernsthaft damit, im Sinne aller lebenden und kommenden Menschen. Denn sonst wird das oben beschriebene Recht aller Menschen, ein gesichertes Leben zu führen, genauso mit Füssen getreten. Das können wir an den hunderten Millionen Menschen in Hunger, Armut oder von der Klimaerwärmung aus ihrem Lebensraum vertriebenen Menschen aktuell beobachten. Ihre Daseinsberechtigung wird auch heute von den existierenden Umständen in Frage gestellt. Wer ist schuld an diesen Umständen? Wir alle in Ost oder West, ob jung oder alt. Denn wenn wieder keiner die Verantwortung trägt, dann muss auch niemand etwas tun. Unschuldige können sich zurückziehen mit dem Argument: ich war es nicht, also muss jemand anderes handeln. Die Folge wäre, dass dann mit dem gleichen Argument niemand etwas macht.

Dafür, dass wir zu viele Menschen auf diesem Planeten sind, spricht auch, dass wir ein ständiges Artensterben bei Pflanzen und Tieren haben. Über 40.000 der 143.000 Tierarten sind laut der Weltnaturschutzunion vom Aussterben bedroht. Der wichtigste Grund dafür ist die intensive Landnutzung wie Landwirtschaft und Abholzung, dazu kommen Ausbeutung und Umweltverschmutzung. Warum brauchen wir so viel Land? Weil wir einfach zu viele sind, die ernährt werden müssen und ein zu Hause brauchen. Der Klima- wandel tut dann für das Aussterben ein Übriges. Wir nehmen also die Natur zumindest von 2 Seiten in die Zange und haben das natürliche Artensterben um den Faktor 1000 durch unsere schiere Bevölkerungszahl gegenüber früheren Zeiten beschleunigt.

Wie könnte erreicht werden, die Wachstumskurve der Weltbevölkerung einzudämmen oder sogar zu stoppen? Dazu gibt es sicherlich sehr qualifizierte Menschen auf diesem Planeten, um Vorschläge zu machen. Aber ich will mich hier nicht wegducken, wenn ich schon die politische Büchse der Pandora geöffnet habe. Meine Gedanken mögen simpel sein, denn ich bin kein Experte.

In meiner Beobachtung gibt es Kinderreichtum dort, wo

- Armut herrscht
- die Kinder die eigene Rente darstellen
- Religionen die Verhütung verhindern
- Zugang zu Verhütungsmitteln beschränkt ist
- viele Kinder zu haben, eine lange Tradition hat
- Gleichberechtigung der Geschlechter ein Fremdwort ist
- Ausbildung von Mädchen und Frauen als unnötig ange-
  sehen wird.

In den Ländern und Gesellschaften, in denen der Wohlstand eingekehrt ist, scheint über die Zeit die Geburtenrate automatisch zurückzugehen, wie aktuell in Europa und Nordamerika. Zumindest von dem Moment an, als Verhütungsmittel in ausreichender Menge und Qualität vorhanden waren. Dort macht sich die Politik eher Gedanken, wie die Geburtenrate wieder gesteigert werden kann, was im Zusammenhang mit dem Klimawandel fragwürdig ist. Parallel dazu ist in diesen Gesellschaften der Einfluss der Religionen zurückgegangen, immer mehr Menschen kehren den Organisationen den Rücken. Eine grundlegende Maßnahme gegen die Bevölkerungsexplosion ist also nicht nur die Armut zu bekämpfen, sondern tatsächlich eine solide Lebensgrundlage für alle Menschen zu schaffen. Dazu werden sich die reichen Gesellschaften zum Teil ihren Egoismus abgewöhnen müssen. Unser Reichtum durch Ausbeutung anderer muss ein Ende finden. Wir müssen den zukünftigen Wohlstand der heute Hungernden finanzieren.

Der zweite zentrale Punkt ist für mich, dass die Welt die Bildung in den von Armut betroffenen Ländern extrem fördern muss. Wenn insbesondere Mädchen in den Ländern mit exponentiellem Bevölkerungswachstum Zugang zu Wissen haben, dann wird sich ihre spätere Rolle als Frau in Richtung einer Gleichberechtigung ändern und sie werden ihr Schicksal in die eigenen Hände nehmen (Verhütung, eigenes Einkommen, Familienplanung). Als Beispiel für die nötige Bildung sei genannt, dass ein erheblicher Teil des Bevölkerungswachstums in Afrika auf Schwangerschaften von Minderjährigen zurückzuführen ist.

Damit ist natürlich eine dramatische Veränderung mancher Gesellschaften verbunden. Diese wird von den herrschenden Männern ganz sicher als Bedrohung empfunden werden. Das können wir immer noch auch in Europa sehen, wie die gläserne Decke dafür sorgt, dass Frauen z.B. im Berufsleben wie auch in der Politik auf ihrem Weg behindert werden. Gleichzeitig machen diese Länder Hoffnung, denn wie sah es dort vor 70 Jahren aus? Von Frauen in verantwortlichen Positionen war wenig zu sehen. Gehen wir 100 Jahre zurück, dann war es eine Sensation oder ein Ärgernis je nach Betrachtungsweise, wenn eine Frau Medizin studierte. Für eine so dramatische Änderung wie das Bevölkerungswachstum zu stoppen, wären 70 Jahre eine gar nicht so lange Zeit. Auch wenn ich das gerne schneller sehen würde. Bildung ist auch der Hebel um die Armut zu reduzieren/beseitigen.

Gesundheit, Bildung und Wohlstand scheinen in vielen Fällen mit einer für uns selbstverständlichen Sache zu beginnen: sauberes Wasser, das lokal für jeden verfügbar ist. Das habe ich in Berichten von Organisationen, die Hilfe zur Selbsthilfe betreiben, immer wieder gelesen. Meine Familie unterstützt seit Jahrzehnten die Plan International Organisation. Sie kümmert sich bei neuen Projekten immer auch um das Thema Wasserversorgung. Die Technologie ist schon lange vorhanden. Die Umsetzung sauberen Wassers (und folgender Abwasserreinigung) ist ein reines Thema von finanziellen Mitteln.

Wie bringen wir das den Religionen bei, die fast ausnahmslos (?) männerdominierte Organisationen darstellen? Sie scheinen mir wie Relikte aus der Vorzeit zu sein, die versuchen die Macht der Glaubensorganisationen zu bewahren, aber sie dabei auf Dauer zerstören. Sie verlieren in den wohlhabenden Ländern zusehends ihre Basis. Erstaunlicherweise sind sie sich darin wohl einig: es muss für sie so bleiben wie bisher (auch mit ihrer Macht). Selbst Verhütung wollen sie regulieren/verbieten. In den heiligen Büchern stehen dazu leider widersprüchliche Botschaften: Bewahrt die Schöpfung oder gehet aus und mehret euch. Die Religionen werden schnell lernen müssen, dass es mehr als genug mit der Vermehrung war. Wir bringen uns und andere Arten jetzt dadurch um, denn die Schöpfung ist in Gefahr. In einigen Religionen könnte ich mir eine Revolution von unten her vorstellen. Junge Menschen übernehmen mehr Verantwortung und kommen schnell in führende Positionen. Mit den meisten „alten Männern" in den religiösen Organisationen wird es nicht zu machen sein. Auch eine Abstimmung mit den Füssen, wie der „Streik" der Frauen in der katholischen Kirche, bringt Bewegung in die Diskussionen. Politik und Gesellschaft müssen auf die Religionen massiv einwirken, damit es hier zu einer Änderung kommt.

Ich möchte betonen, dass ein einzelner der vorgeschlagenen Wege nicht zielführend ist, sondern, dass es alle angesprochenen Punkte parallel braucht.

Die Länder, mit denen zusammen ein Plan zur Eindämmung des Bevölkerungswachstums erarbeitet und umgesetzt werden muss, können an zwei Händen abgezählt werden: Ägypten, Äthiopien, Indien, DR Kongo, Nigeria, Pakistan, die Philippinen und Tansania. Sie werden für mehr als die Hälfte des Wachstums bis 2050 verantwortlich sein. Schafft die Politik hier die Eindämmung, dann wird es auch Reduktionen in den umliegenden Ländern zur Folge haben, die auch auf zukünftige höhere Zahlen schauen, denn sie haben genau dieselben Themen in Bezug auch die Bevölkerungszahl.

Aber die Überzeugungsarbeit wird nicht nur dort einsetzen müssen, sondern auch in Ländern mit fallenden Zahlen. Leben weniger Menschen auf diesem Planeten, geht ein Motor für wirtschaftliches Wachstum verloren. Weniger Konsumenten bedeuten, dass eventuell weniger gekauft wird, bzw. keine Steigerungen dadurch mehr möglich sind. Ob das durch den wachsenden Wohlstand pro Einwohner in diesen Ländern ausgeglichen wird, ist eine offene Frage. Es werden also auch bei uns schwierige Diskussionen und Entscheidungen anstehen. Zumindest sollten wir ein Scenario in der Schublade haben, wie unsere Gesellschaft mit dauerhafter wirtschaftlicher Stagnation oder sogar einem anhaltenden Rückgang des Bruttosozialproduktes umgeht. Dann wären wir einigermaßen auf diese Krise vorbereitet, was nicht gerade unsere Stärke ist.

Wir können und sollen alle durch Verhaltensänderungen der Klimakrise entgegen wirken. Aber der Hebel, dass wir die Erderwärmung reduzieren und eines Tages stoppen, ist um ein Vielfaches grösser , wenn wir das Wachstum der Erdbevölkerung möglichst schnell beenden und sogar zu einer Reduzierung kommen. Wir müssen das zusätzlich zu den Verhaltensänderungen tun. Geschwindigkeit ist hier der bestimmende Faktor.

Die Klimawelt

Wir Deutschen retten gerne die Welt. Unser größter Beitrag kann die Erfindung und Vermarktung von Produkten sein, die den Ausstoß von schädlichen Klimagasen verringern oder sogar verhindern. Wir können technisch dazu beitragen, bereits in der Atmosphäre befindliches CO_2 wieder einzufangen, in Unschädliches umzuwandeln oder zu speichern (blödsinniger Weise in Deutschland per Gesetz verboten). Auch hier muss alle Ideologie über den Haufen geworfen werden, denn alles absolut alles, was unter dem Strich hilft, ist willkommen.

Wir können im eigenen Land die Energieerzeugung dramatisch verändern und damit, wenn es gut läuft, unsere eigenen Klimaziele erreichen. Das werden auch unsere Nachbarstaaten hinbekommen.

Aber wir müssen uns brutal eingestehen, dass Deutschland und Europa nicht die Welt vor der Erwärmung retten werden. Wir können nur unseren eigenen Ausstoß verringern, also unseren prozentualen Anteil leisten. Mittels der Technologie wird unser Anteil sogar grösser sein als unsere eingesparte Emission, weil wir anderswo das Gleiche ermöglichen. Aber -auch wenn ich ein optimistischer Mensch bin- wir werden die Welt nicht retten, das schafft nicht Deutschland, nicht Europa. Die ganze große Welt muss mitmachen und genau darin sehe ich das große Problem. Es sind längst nicht alle Länder mit an Bord, dass der Klimawandel die erste Priorität ist. Das würde heißen, dass alles andere zurücksteht. Aber viele Länder sind mit ganz anderen Sachen beschäftigt: Krieg, Bürgerkrieg, militärischem Säbelrasseln, schwächelnder Wirtschaft, Armut, Terrorismus, Verfolgung anderer Volksgruppen, Flüchtlingswellen, Naturkatastrophen, Machtkämpfen usw. Glaubt irgendjemand, dass die Politik dieser Länder den Raum, die Zeit, den Willen und die Ressourcen zum Bekämpfen des Klimawandels hat? Ich nicht. Selbst die beiden größten Verursacher China und die USA fallen darunter. China ist immer noch mit der Bekämpfung der Armut beschäftigt, aber auch mit Ausweitung seiner Macht und dem Erhalt selbiger für die Partei. Die USA sind zwar dem Abkommen zum Weltklima wieder beigetreten, aber was ist, wenn in 2 Jahren Trump wiederkommt? Tritt er direkt wieder aus oder bei der Zuordnung von Ressourcen auf die Bremse? Wir werden die ganze Diplomatie aber auch Wirtschaftskraft Europas einsetzen müssen, um diese beiden Länder bei der Stange zu halten bzw. die Prozesse zur Klimaneutralität insbesondere von China erheblich zu beschleunigen. Und das wird nur passieren, wenn wir als Europäer mit einer Stimme sprechen, denn dann sind wir plötzlich eine Macht. Ganz idealistisch gesprochen, wäre es das Projekt, was die Welt einen könnte, ein Zeitalter des Friedens und der Zusammenarbeit einzuläuten. Es hat aber auch die Sprengkraft für schwere Auseinandersetzungen, denn wenn das Trinkwasser, Lebensmittel und bewohnbares Land knapp werden, dann wird es Kriege wegen des Klimawandels geben, einen Kampf ums Überleben.

Einwurf

Das Buch ist fertig und es fehlt nur noch die Datei für das bereits kreierte Cover. Deshalb bleibt der Text bereits ohne weitere Änderungen, denn irgendwann musste ich mir ein Stoppschild setzen, sonst wird es bei den ständig sich ändernden politischen Wetterlagen nie fertig. Aber jetzt füge ich doch noch diesen Absatz ein, auch wenn er nicht ganz in den restlichen Text passt, denn ich bin wütend. Warum? Je mehr ich mich mit dem Thema Klimapolitik beschäftigt habe, umso mehr kann ich nur noch mit dem Kopf schütteln. Die Parteien, Verbände, einzelne Politiker und auch manche (Wut-)Bürger stecken in ihren eigenen Echoblasen oder Ideologien fest. Sie lassen als Meinungen nur zu, woran sie selbst auch glauben. Andere Stimmen hören sie gar nicht mehr. Die Klimapolitik wurde zwar aus meiner Sicht zu Recht damit begründet, dass wir auf die erdrückenden Belege der Wissenschaft hören müssen. Wenn aber die Forscher mit Vorschlägen oder mit Berechnungen kommen, die nicht in das Weltbild der Parteien, der Politiker, von Verbänden oder des Bürgers passen, dann werden diese ignoriert oder dementiert, zum Schaden einer schnellen Reduktion von klimaschädlichen Gasen. Und damit meine ich nicht Freunde von Donald Trump, die den Klimawandel als Hirngespinst ansehen. Es sind die, die lauthals die CO2 Neutralität fordern. Manchmal könnte man denken, die wollen gar nicht den CO2-Ausstoss so schnell wie möglich reduzieren bzw. eliminieren. Ein paar Beispiele sollen das belegen.

1. Eines hatte ich schon weiter oben. Der Dieselmotor sollte ab-geschossen werden (das war das Ziel nicht der Klimawandel) und das ist auch leider gelungen, denn es wurden

danach vermehrt Benziner gekauft, die eindeutig mehr klimaschädliche Gase in die Luft jagen.

2. Hier muss ich klar feststellen, dass ich nicht zu einer Atomkraftlobby gehöre. Aber wenn es darum geht, möglichst schnell Kohle- und Gaskraftwerke vom Netz zu nehmen, dann muss man die noch funktionsfähigen Atommeiler mit in Betracht ziehen. Drei sind noch am Netz und 2 liefern zwar keinen Strom mehr, könnten aber wieder hochgefahren werden. Mir kommt es so vor, dass die verantwortlichen Politiker so viel Zeit gewinnen wollen (durch Nichtstun) bis es wirklich nicht mehr möglich ist. Das deutsche Hauptargument gegen die Atomkraft neben der Sicherheit ist, sie sei zu teuer. Beweise wurden natürlich von genehmen Wissenschaftlern und den Ministerien geliefert. Komisch, dass in Deutschland mit die weltweit höchsten Stromkosten herrschen, obwohl unser Anteil an Kernkraft nur noch 3 % beträgt. Warum dann setzen viele andere Länder auf diese Stromquelle? Die sind doch auch nicht blöd und können rechnen. Dort wird sie gar nicht als zu teuer eingestuft. Aber mit diesen Argumenten setzen sich die Echokammern nicht auseinander. Sind die Kraftwerke, die heute sicher sind, morgen Schrotthaufen? Dann wären sie bei unseren Bestimmungen längst abgeschaltet worden. Nächstes Argument ist die Endlagerung des Atommülls. Ja, wer hat das denn die ganze Zeit verhindert? Dieselben, die jetzt den Mangel beklagen. Wären noch alle Atommeiler in Betrieb, die früher 30 % unseres Stroms erzeugt haben, hätten wir mit den heutigen regenerativen Energien unsere Ziele für 2030 bereits jetzt erreicht (Anna Veronika Wendland) und wären ein leuchtendes Beispiel für andere, was wir ja gerne wären.

3. Wenn der Temperaturanstieg in Deutschland so bleibt oder sich weiter fortsetzt, dann wird für viele Tiere und Pflanzen die Lebensgrundlage immer kleiner werden oder

sogar gänzlich verschwinden. Entweder ist es für sie zu heiß oder es gibt nicht mehr genug Nahrung bzw. Wasser. Wenn aber irgendwo ein Milan fliegt (ich beobachte diese Vögel immer wieder fasziniert), dann wird er sofort von jemandem missbraucht, der den Bau einer oder mehrerer Windkraftanlagen aus welchen anderen Gründen auch immer verhindern will. Oder die Betriebszeiten werden massiv eingeschränkt. Nach meinem Wissen ist das zwar ein völlig aufgebauschtes Argument, aber was nützt es dem Milan? In einer zu warmen oder sogar verdorrten Landschaft wird er sowieso keine Nahrung mehr finden, ihm steht dann die Ausrottung bevor. Sollte es tatsächlich ein paar tote Milane durch Windkraftanlagen geben, dann ist das immer noch besser, als gar keine mehr. Der Vogel steht damit stellvertretend für viele andere Tiere, die zur Verhinderung von allen möglichen Anlagen herangezogen werden, die CO2 reduzieren würden, wie z.B. Wasser-kraftanlagen (tote Fische).

4. Windkraft erfordert Stromtrassen. Längst sollten sie durch Deutschland gezogen sein. Mit allen möglichen politischen und rechtlichen Mittel ist das bisher verhindert worden. Erst mit dem Argument, die müssen unter die Erde (Elektrosmog). Das dauert natürlich länger und wird erheblich teurer. Aber als das dann so geplant wurde, fanden sich scheinbar neue Gründe, warum nicht. Denn vorhanden sind sie immer noch nicht, obwohl sie heute schon gebraucht würden. In Norddeutschland werden zeitweise Windräder abgestellt, weil der Strom nicht verbraucht wird bzw. nicht weiter gen Süden geleitet werden kann. Übrigens, manche Verhinderer aus dem Süden haben dadurch wahrscheinlich ihre gute wirt-schaftliche Basis stark gefährdet. Neuansiedelungen von Firmen, die Energie brauchen, werden sich in Zukunft eher für den Norden/Osten Deutschlands entscheiden, dort gibt

es reichlich Strom. Obendrein sind Mieten und damit Lebenshaltungskosten auch noch billiger.

5. Das CO2 kommt aus der Erde, denn dort lagern Gas und Öl, deren Verbrennung viel von unserem Klimaproblem verursacht. Ich habe schon vor sehr langer Zeit als Ingenieur das Thema Carbon Capture auf meinem Schreibtisch gehabt. Man entzieht der Atmosphäre das CO2 wieder, verflüssigt es und pumpt es dann in geeignete Lagerstäten unter der Erde. Also fast wieder dahin, wo es herkam. Was macht Deutschland? Schon vor langer Zeit wurde dieses Verfahren gesetzlich verboten (bevor es überhaupt zur Serienreife gekommen war). Mag die Begründung damals nachvollziehbar gewesen sein: wir kümmern uns dann nicht mehr so um den Klimawandel, nehmen ihn nicht ernst, weil wir das Problem damit ja verkleinern würden. Das hat sich nicht bewahrheitet, wir haben uns trotzdem nicht richtig drum gekümmert. Aber heute? Die Temperaturen steigen, Waldbrände wüten, die Polkappen und Gletscher schmelzen, Stürme und Unwetter mit Überschwemmungen und vielen Toten traktieren unseren Planeten. Deutsche Firmen beteiligen sich an Projekten im Ausland CO2 zu speichern, aber keiner kommt auf die Idee sofort dieses Gesetz abzuschaffen und auch bei uns die Möglichkeit zu eröffnen, Kohlendioxid aus der Luft zu holen. Es würde helfen! Das braucht es aber, sofort. Auch hier steht aber zu befürchten, dass da der verhindernde Bürger aus Punkt 4 mit allen Mitteln versucht, die Anlage in seiner Nähe zu verhindern. So wandelt sich Ideologie dann gegen heutige Politiker. Während man anderswo stolz auf Technologie ist, sind viele unserer Bürger durch jahrzehntelange politische Technikfeindlichkeit dagegen. Die Geister die ich rief…….

Alle demokratischen Parteien sind an dieser Entschleunigung des CO2 Abbaus beteiligt wie man an den Punkten oben sehen kann, auch wenn sie gerne auf die anderen zeigen insbesondere die Vorgängerregierung. Wie war das? Wenn Du mit dem Zeigefinger auf die bösen anderen zeigst, dann zeigen drei Finger auf Dich selbst. Alle sind sie in den letzten Jahrzehnten an Regierungen beteiligt gewesen oder sitzen aktuell in der Bundesregierung, einer Landesregierung oder den Kommunen. Wieso haben sie dann nicht ihre Macht benutzt oder tun es aktuell? Jetzt bitte nicht die Ausreden, dass daran auch wieder die anderen schuld waren. Nicht viel anders sieht es mit uns Bürgern aus, mich eingeschlossen. Tut mir leid, wenn die Wahrheit unbequem ist. Wir müssten nicht warten, bis der Gesetzgeber etwas vorschreibt. Und alle gemeinsam müssen bei jeder neuen Technologie, die helfen könnte, klimaschädliche Gase zu reduzieren, aufhören, sofort größte Risiken zu sehen. Eine kritische Bewertung von Chancen und Risiken reicht völlig, denn diese gibt den Erfindern wichtige Hinweise, woran sie noch arbeiten müssen. „Es gibt noch keine Langzeitstudien über die Auswirkungen". Ja wie auch. Wenn wir auf diese bei neuen Verfahren warten wollen, ist der Planet inzwischen bereits untergegangen. Wir werden auch ein paar Risiken eingehen müssen, wenn es vorwärts gehen soll. Mit Hosenträger und Gürtel dauert es einfach zu lange. Aber es wird in der Politik immer gerne benutzt, um etwas, das nicht in die eigene Parteilinie passt, zu diskreditieren bzw. sich nicht damit beschäftigen zu müssen. Neue Technologien können einen erheblichen Beitrag leisten, den Klimawandel einzudämmen oder als Optimist gesprochen, ihn endgültig zu stoppen.

Politiker, Parteien, Verbände aber auch Bürger hört auf, Euch in Euren Festungen und Ideologien zu verschanzen. Diese Zeit haben wir nicht mehr, lasst endlich die Fakten sprechen, auch wenn sie Euch nicht ins Programm oder den Kram passen. Und hier verstehe ich die Wut der jungen Menschen, die versuchen im Rahmen von Fridays for Future unsere Gesellschaften zu schnellerem Handeln zu drängen. Die Politik wurde zwar teilweise dadurch geweckt. Aber das folgende Handeln war scheinbar mehr darauf gerichtet, neue Wähler zu erschließen oder alte zu erhalten, als den Ausstoß von Klimagasen schnellstmöglich zu reduzieren. Der Unmut dieser Protestbewegung bleibt zu Recht bestehen. Das Argument, der Wandel muss wirtschaftsverträglich passieren, unterschreibe ich sofort, denn ohne Arbeitsplätze, gesunde Unternehmen hätten wir auch gar nicht mehr die finanziellen Mittel für die Veränderung. Aber die obigen Beispiele stellen gar keine Gefahr in diesem Sinne dar, sie sind eher eine Gefahr für den Wirtschaftsstandort Deutschland. Sie sind in meinen Augen reine Blockade und das ist es, was mich wütend macht. Um es umgangssprachlich auszudrücken: wir haben den Schuss immer noch nicht gehört, auch wenn viele gerne so tun.

Ausblick

Schaffen wir das 1,5 Grad-Ziel? Es ist den Versuch mehr als wert. Können wir sicher sein, dass die gesamte Welt das schafft? Klares Nein. Deshalb muss die Politik parallel zur CO_2-/Methanreduktion, die erforderlichen Maßnahmen ergreifen, unsere Gesellschaft und jeden Einzelnen vor den Folgen zu schützen. Deiche müssen erhöht werden, Städteplanungen zwecks Kühlung verändert werden, Bebauungspläne in Bach- und Flussnähe wegen der Hochwassergefahr drastisch verändert werden, Weiterentwicklung von Pflanzen und dem Anbau derselben, um Hitze und Wasserknappheit zu widerstehen, die Wasserversorgung, Löschflugzeuge usw.. Diese Liste lässt sich massiv erweitern. Wie wir heute schon sehen, brauchen wir diese Änderungen jetzt schon, denn die Auswirkungen sind bereits da. Und sie werden uns selbst für den Fall, dass wir den CO_2-Ausstoss sofort stoppen, noch Jahrzehnte bzw. Jahrhunderte begleiten. Die bereits emittierten Treibhausgase werden solange in unserer Atmosphäre bleiben, der Abbau geht wesentlich langsamer als der Aufbau.

Es muss eine durchdachte Strategie für alle Felder in unserer Gesellschaft her, in der die Ziele klar beschrieben sind und die Umsetzung auf die einzelnen Maßnahmen heruntergebrochen wird.

Dieser Gesamtplan muss veröffentlicht und von der Politik in seiner Gesamtheit den Bürgern „verkauft" werden. Dazu gehört eine höchst professionelle Kommunikationsstrategie, damit viele Menschen überzeugt werden, mitzumachen und ihren Beitrag zu leisten bis hin zu persönlichen finanziellen Investitionen (von der neuen Photovoltaikanlage bis zum intelligenten Heizungsthermostat). Es muss ein Sog entstehen, der möglichst viele an Bord holt, diesen Plan zu unterstützen. Eine gute Voraussetzung haben wir zufällig bekommen: eine 3 Parteien Koalition. Denn wir brauchen einen breiten Konsens, die ganz große gesellschaftliche Koalition, wenn wir alles erfolgreich umsetzen wollen. Der Krieg in der Ukraine könnte dabei unfreiwillig zum dramatischen Beschleuniger werden, denn die Auswirkungen auf unsere Energieversorgung zwingen uns zu sehr schnellen Veränderungen weg von Öl, Kohle und Gas, radikaler als wir vor 6 Monaten noch gedacht haben.

Und einen Herzenswunsch sende ich noch hinterher. In Deutschland sind bereits zehntausende von Bäumen durch Trockenheit und den Borkenkäfer vernichtet worden. Wenn ich durch den Harz fahre, kommen mir die Tränen. Eine Landschaft dominiert von grauen, toten Fichten wie in einem apokalyptischen Film, nur in echt. Aus dem verrottenden oder verbrannten Holz wird das gespeicherte CO_2 wieder frei. Die Menschheit kann den Klimawandel auch dadurch bekämpfen, dass wir Bäume pflanzen, Milliarden von Bäumen. Mag am Anfang das aus der Atmosphäre von dem Setzling entnommene CO_2 klein sein. Mit jedem Jahr wandelt jeder Baum mehr davon in Holz um, je grösser er wird. Wenn jeder Bürger pro Jahr einen Baum pflanzt und hegt und pflegt, wären das 83 Millionen. Bitte sucht und findet die Möglichkeit es zusammen mit der Familie, Freunden, der Schulklasse etc. zu tun. Manche Förster bieten das sogar an. Jeder Baum zählt, danke.

Die Parteien und ich

Ich folge nicht einer Partei, schon gar nicht einer Ideologie (die Geschichte zeigt, das geht immer schief). In fast jedem politischen, demokratischen Wahlverein kann ich etwas finden, zu dem ich ja sagen kann, was ich richtig finde. Aber manches in den Programmen und Verhaltensweisen stößt mich auch ab. Und die meisten Grundsatzprogramme sind geduldig, denn die Umsetzung wird von Menschen gemacht. Daher sind es eher Personen, die ich wähle. Sitzt an der Spitze die/der Richtige, dann wird etwas daraus. Mich hat in meinem Beruf immer wieder erschreckt, wie sehr Erfolg und Misserfolg von der Person an der Spitze abhängen. Ich habe Firmen gesehen, die innerhalb von Monaten von der Erfolgsleiter gestürzt sind, weil der oberste Boss gewechselt hatte und dieser sein Geld nicht wert war. So geht es mir auch mit der Politik. Wer oben steht in einer Regierung oder einer Partei, der/die macht den Unterschied, ob es gut wird oder nicht.

Vielleicht geht das ja sogar Politikern so, dass der andere Verein auch gute Ideen im Programm hat. Aber zugeben? Nie und nimmer, der Feind gehört mit allen Mitteln bekämpft. Nur wir haben die absolute Wahrheit. Puuh – geht es etwas kleiner, realistischer. Für mich geht es um die besten Ideen und Umsetzungen, nicht um die Parteien. Sie sind kein Selbstzweck mit einem Abonnement für die Macht.

Der Umgang (schon das Wort ist falsch) der Politiker verschiedener Parteien untereinander ist für mich manchmal abstoßend. Wenn ich meinem Nachbarn an den Kopf werfen würde, was Politiker so übereinander sagen, das wäre das Ende einer guten Nachbarschaft. Wenn er nicht mehr mit mir reden würde, dann wäre es noch gut ausgegangen. Wahrscheinlicher ist, dass er mich wegen Verleumdung/Beleidigung vor den Kadi ziehen würde. Hinterher wundert sich die Politik dann, wenn in der Gesellschaft das „Miteinander" ruppiger wird. Wer hat das wohl vorgemacht? Ich erwarte von mir selbst, dass ich respektvoll mit anderen umgehe, egal ob die Person eine Reinigungskraft, ein Generaldirektor oder mein Enkel ist. Das hat die politische „Elite" auch hinzubekommen (nicht nur hinter verschlossenen Türen).

Macht die Politik ein Statement, das vielleicht nicht so glücklich ist, dann fallen die anderen Parteien wie die Geier darüber her. Vernichten ist angesagt, einer weniger, der ihnen im Weg steht. Das Resultat daraus ist, das ein Politiker nur noch Antworten gibt, die wenig konkret sind und kaum Aussagekraft haben. So machen sie sich unangreifbar, aber auch inhaltslos. Stellt ein Reporter eine sehr konkrete Frage, wird auf etwas ganz anderes geantwortet. Fragt er nach, kommt wieder ein Ausweichmanöver. Nur nicht festnageln lassen. Manchmal ist das sicherlich sinnvoll, aber meist lässt es mich als Bürger kopfschüttelnd zurück. So wird man unangreifbar, hat aber auch nichts mehr zu sagen. Für mich als Bürger ist dann nicht mehr ersichtlich, was diese in der Verantwortung stehende Person vorhat, um etwas zu verbessern. Und wie soll ich aus so viel beabsichtigter Belanglosigkeit meine Meinung bilden, wer das beste Konzept hat, um ein Problem zu lösen? Schlagworte und Parolen sind wenig hilfreich für mich, denn nur ein konkreter hoffentlich durchdachter Plan kann beurteilt werden, ob er Sinn macht oder in die Irre führt. Letzterer gehört natürlich von der Opposition zerlegt, wohl gemerkt der Plan, nicht die Person. Und damit die Kritik wenig Angriffsfläche hat, wird der Plan so oberflächig wie möglich gehalten. Das ist zum Schaden unserer Gesellschaft, denn wir brauchen die besten Pläne und die konkret im Detail (siehe Kapitel Klimapolitik).

Wie ich an einigen Themen zeigen werde, denkt die Politik tatsächlich meist nur bis zur nächsten Wahl und die ist ziemlich oft gar nicht erst in 4 Jahren, sondern in irgendeinem Bundesland sind immer Wahlen. So bleiben langfristige Themen (Bildung, Klimawandel, Infrastruktur, Rente…..) in vielen Fällen auf der Strecke, denn mit denen gibt es keine Lorbeeren zu ernten. Oder sie werden auf die nächste Legislaturperiode verschoben. Soll sich doch ein anderer seinen Ruf damit beschädigen. Und hier müssen wir Bürger uns an die eigene Nase fassen. Wir sind es, die das Verhalten der Politik bestimmen. Lassen wir uns bei der Wahl von kurzfristigen Ereignissen leiten, dann werden Politiker auf diesem Klavier spielen. Wieso sonst sind selbst 4 Wochen vor einer großen Wahl mehr als 25% der Wähler unentschlossen? Kommt es dann zur Oderflut und der amtierende Kanzler Schröder läuft in Gummistiefeln durchs Krisengebiet (und die Fernsehkameras eng dabei), dann gewinnt er die bereits verloren geglaubte Wahl. Oder in Fukushima kommt es zum Tsunami, der eine Katastrophe im Kernkraftwerk auslöst und in Baden-Württemberg gewinnt der Grüne Kretschmann das Amt des Ministerpräsidenten, wovon er vorher -glaube ich- nicht mal geträumt hatte. Wir Wähler sind auch nicht langfristig orientiert, schimpfen aber darüber, dass genau diese Themen nicht vorangehen. Wir müssen bei uns und unseren Wahlentscheidungen anfangen, wenn wir in der Politik ein ausgewogeneres Verhältnis von kurz-, mittel- und langfristigen Themen haben wollen.

Steuergerechtigkeit

OECD-Vergleich

Nun mache ich ein riesiges Fass auf. Die OECD veröffentlicht jedes Jahr einen Vergleich der Länder dieser Organisation in Bezug auf Steuern und Sozialabgaben. Eine kurze, prägnante Zusammenfassung aus deutscher Sicht (Bayrischer Rundfunk, F. Lincke, 21.04.2021):

In keinem anderen Land zahlen Arbeitnehmer im Schnitt so hohe Steuern und Abgaben wie in Deutschland. Das hat erneut der Ländervergleich der OECD-Industriestaaten ergeben. Anders als oft behauptet werden auch Familien kräftig zur Kasse gebeten.

Wir werden halt gerne Weltmeister in allen Disziplinen. Die Pressemitteilung oben ist aber etwas reißerisch, denn wir sind nur Vizeweltmeister. Der Henkelpott geht nach Belgien. Unter diesem Eindruck empfinde ich die Forderung der Politik nach mehr Steuern, weil sie ihre hochfliegenden Pläne finanzieren müssen, als blanken Hohn. Kommt endlich mit dem Geld aus. Ihr seid gefordert die Last der Bürger zu reduzieren und nicht ständig schleichend zu erhöhen. Wenn mir in meinem Budget Geld für etwas fehlt und das für mich erste Priorität hat, dann muss ich mir zwangsläufig an anderer Stelle Einsparungen überlegen. Davon höre und sehe ich in der Politik nichts. Ich kann das Ganze sehr gut vergleichen, denn ich habe nicht nur in Deutschland gewohnt und Steuern gezahlt, sondern auch in anderen Ländern, aktuell in der Schweiz. Dort funktioniert der Staat nicht schlechter als in Deutschland. Ich begebe mich gerade schwer aufs Glatteis, denn meine Schweizer würden sofort sagen, dass die Schweiz viel besser funktioniert. Ich enthalte mich also einer weiteren Wertung. Die Steuern und Abgaben dort sind anders strukturiert und zusammengefasst: erheblich niedriger. Ein kleiner Zahlenüberblick zur Bildgestaltung entnommen aus dem OECD-Bericht:

Anteil von Steuer- und Sozialabgaben an den Gesamtarbeitskosten für Durchschnittsverdiener in den OECD-Ländern im Jahr 2020:

	Ehepaar, 2 Kinder	Single
Deutschland	32,9 %	49,0 %
Niederlande	30,0 %	36,4 %
OECD Durchschnitt	24,4 %	34,6 %
Kanada	10,1 %	30,4 %
Schweiz	9,6 %	22,1 %

Damit diese Zahlen richtig eingeordnet werden, ist es wichtig zu betonen, dass die OECD nur die direkten Abgaben berechnet. Alle Mehrwertsteuer, die der Bürger obendrein noch zahlt, ist nicht enthalten, die 7 bzw. 19 % auf alle gekauften Sachen und auf bezogenen Dienstleistungen wie Mietnebenkosten kommen noch oben drauf. Auch die speziellen Abgaben wie Tabak-, Kraftstoff-, Sekt- etc. zahlt er zusätzlich noch. Und der Arbeitgeber zahlt auch noch die 2. Hälfte der Sozialbeiträge wie Renten- und Krankenversicherung. Wenn ich jetzt noch etwas weitermache, dann bleibt gleich nichts mehr zum Leben übrig.

Natürlich lassen sich die Staaten über diese Zahlen nicht 1 zu 1 vergleichen, denn es gibt verschiedene staatliche Leistungen. Aber dass in Deutschland ein Politiker die Steuerschraube anziehen will, zeugt von Realitätsverlust.

In Deutschland ist der Staat reich und die Bürger nicht. Der Global Wealth Report der Crédit Swiss errechnet das Median-Vermögen

(50% haben mehr, 50% der Bevölkerung haben weniger) der Bürger vieler Staaten (Zahlen veröffentlicht 1/2018). Wir Deutschen ($47.000) sind die armen Würstchen in Europa. In den alten EU-Ländern hat nur Portugal ($38.000) niedrigere Werte. Selbst in Griechenland ($55.000) und Italien $125.000) haben die Bürger mehr Vermögen, im Gegensatz zu ihren Staaten, die hoch verschuldet sind. Und wir dachten, wir wären wohlhabend. Da es bei den Einkommen umgekehrt ist, wird klar, wo das Vermögen hinwandert, zum Staat. Wer sich fragt, woher der große Unterschied sonst noch kommt: In den angesprochenen Ländern wohnen viel mehr Bürger in den eigenen 4 Wänden. Dieses Immobilienvermögen zählt dazu. Wir Deutschen zahlen dafür fleißig Miete und haben ständig politischen Streit um Mietpreissteigerungen. Aber von einer großen Initiative der Politik, dass die Bürger mehr selbstgenutztes Wohneigentum bilden können, habe ich lange nichts mehr gehört. Es wäre der beste Schutz gegen Mietausgaben und würde gleichzeitig die finanzielle Position eines jeden Rentners verbessern, der in seiner eigenen Wohnung lebt. Mietausgaben fressen einen großen Teil der Rente auf.

Finanzminister konnten sich jahrelang mit der Schwarzen Null brüsten. Sie gaben nicht mehr Geld aus, als reinkam (sehen wir von der Sondersituation Corona ab) und übten als großer Lehrmeister Druck auf Südeuropa aus, es Deutschland gleich zu tun. Ist die Leistung der Politik doch nicht so groß, weil der Staat seine Steuern so stark bzw. übermäßig sprudeln lässt, es von den Bürgern nimmt? Mit solchen Einnahmen könnten die anderen Staaten das auch. Noch ein Vergleich mit der Schweiz: Die Staatsverschuldung ist dort trotz der geringeren Steuern und Abgaben erheblich niedriger als in Deutschland. Das ist eine Leistung der Politik: niedrige Steuern, Abgaben und niedrige Staatsverschuldung und als Resultat einen gut funktionierenden Staat.

Die kalte Progression

Unbemerkt von den Betroffenen, insbesondere am unteren Ende der Einkommensskala, haben die meisten Finanzminister der letzten Jahre und Jahrzehnte die Einkommenssteuer stetig erhöht (aber gesagt, mit ihnen gibt es keine Erhöhung). Warum? Du bekommst 3 Prozent mehr Bruttolohn, aber das siehst Du nicht netto wieder, denn Du zahlst mit jedem Euro Mehrverdienst einen immer weiter erhöhten Steuersatz. Der richtet sich nach der absoluten Höhe. Eigentlich waren die 3 % von der Gewerkschaft ausgehandelt worden, um mindestens die Inflation auszugleichen. Wäre der Tarifabschluss genauso hoch wie die Inflationsrate, hättest Du real an Kaufkraft weniger im Portmaine. Weil der Staat durch den etwas höheren Steuersatz Dir einen größeren Prozentsatz abzieht als vorher. In einem Jahr merkst Du das kaum. Aber über die Jahre hat der Staat dadurch kräftig zugelangt. Aber weil das so ein herrlich schleichender Prozess ist, verschließen sich die Finanzminister einer dauerhaften Lösung, bei der die Steuertabellen mit der Inflationsrate angehoben werden. So würde der Effekt jährlich neutralisiert. Das wäre nur fair. Wo ist der Finanzminister, der endlich den Mut dazu hat, insbesondere bei der galoppierenden Inflation in 2022? Das bringt ihn natürlich in Schwierigkeiten mit allen seinen Minister-Kollegen, denn die wollen für jedes neue Haushaltsjahr erheblich mehr Mittel und mehr Personal für ihr Ministerium. Mehr Geld heißt dort mehr Macht. Bürger scheinen ihre Rechte weniger zu verteidigen als die Minister. Also geht der Finanzminister den Weg des geringsten Widerstandes.

Entlastung der niedrigen Einkommen

Wieso klappt das eigentlich nicht, wo es dringend erforderlich wäre? Es wird immer wieder gerne davon geredet, von allen Parteien. Aber auf Einnahmen verzichten, ne das geht gar nicht. Über Einsparungen nachdenken, lieber nicht. Sehr beliebt bei einigen

Parteien das Wort Reichensteuer bzw. Vermögenssteuer. Ersteres gibt es aber schon seit 2007 mit den 3 % zusätzlich (in 2019 ab einem Einkommen von 265.327 € bei Einzelveranlagung und 530.654 € bei Zusammenveranlagung). Für mich ist das ein populistischer Kampfbegriff, der keine Lösung für die kleinen und mittleren Einkommen darstellt. Und die Vermögenssteuer ist wohl das nächste bürokratische Monster.

Warum sollte die Entlastung niedriger Einkommen stattfinden?

Ich kenne dazu ein Beispiel, alleinerziehend mit einem studierenden Kind. Schauen wir uns mal ein paar Zahlen aus der Lebenswirklichkeit dieses Haushaltes an (alle Zahlen sind echt):

Bruttoeinkommen 2019	20.299
Sozialversicherungen	4.116
Gezahlte Lohnsteuer	988
	————
Nettoeinkommen	15.195
Kosten für Warmmiete, Strom, Telefon	-9.000
Auto inkl. Benzin, Versicherung, Steuern Wartung/Reparaturen	-2.469
	————
Übrig zum Leben	3.726

Das macht zum Leben pro Monat 310 €.

Das erwachsene Kind ist in dieser Betrachtungsweise außen vor gelassen, da das auswärtige Studium durch das Kindergeld, die Alimente des Vaters (die immer wieder eingetrieben werden müssen) und ein Mini-Bafög finanziert wird. Aber es hat noch ein Zimmer in der elterlichen Wohnung und bei der Kleidung schießt die alleinerziehende Mutter immer wieder etwas dazu. Wenn ich die 310 € mit dem Hartz IV-Satz für einen Erwachsenen vergleiche, dann wird es in meinen Augen ganz bitter, denn der beträgt aktuell 449 Euro.

Ist da wirklich der Abstand gewahrt, wie eigentlich vorgeschrieben? Ich will damit nicht für einen niedrigeren Sozialsatz plädieren, sondern aufzeigen, dass es sich eigentlich für meine Bekannte nicht lohnt, arbeiten zu gehen. Das ist eine katastrophale Konstellation. Ist deshalb unser Sozialsystem so teuer? Hier ist dringender und wichtiger Handlungsbedarf!

Die obigen Zahlen repräsentieren einen Fulltime Job an 6 Tagen die Woche in einem Bereich, den wir alle in der Pandemie beklatscht haben, der Altenpflege. Nur um das noch einmal zu verdeutlichen, die besagte Person hat 4 freie Tage im Monat. Das ist für die meisten Arbeitnehmer gar nicht mehr vorstellbar. Hier arbeitet also jemand sehr hart für seinen Lebensunterhalt. Das Auto wird für die Fahrt zur Arbeit gebraucht, da es in diesem Ort keinen geeigneten Nahverkehr gibt und die Arbeit wechselnd an zwei verschiedenen Orten durchgeführt wird.

Fazit: Mit harter Arbeit immer an oder über der Überlastungsgrenze bleibt monatlich für Essen, Kleidung (auch für die der Arbeit), Reparaturen (Waschmaschine, Küchengeräte, Fernseher etc.) und sozialer Teilhabe ein Betrag von 310 € übrig. Geht die Waschmaschine so kaputt, dass eine neue gebraucht wird, gibt es schlaflose Nächte. Wovon soll die bezahlt werden? Von einer Vorsorge für das Rentenalter bei einer zu erwartenden Rente von ca. € 1050 trotz 45 Beitragsjahren wollen wir gar nicht erst reden, dann bricht endgültig die finanzielle Krise aus. Und von dieser Person hat unser Staat/Kirche den Nerv, noch Steuern in Höhe von 988 € zu kassieren. Und da redet die Politik von Gerechtigkeit und bekommt es seit mehreren Legislaturperioden trotz anderweitiger Versprechungen nicht hin, diesen Teil einer Steuerreform zu machen. Gibt es wichtigere Projekte als die Fürsorge für die eigenen Bürger, die es am nötigsten haben? Das Geld wurde immer wieder für andere Vorhaben ausgegeben, wie zum Beispiel der Mütterrente und der Rente nach 45 Beitragsjahren mit 63 Jahren. Ich höre schon die Argumentation, dass das aus Gründen der Gerechtigkeit sein musste. Es sei den Beziehern dieser Renten gegönnt. Aber ein Großteil der Bezieher dieser (zusätzlichen) Renten hätte es finanziell gar nicht nötig gehabt. Politik ist immer eine Abwägung, was ist wichtiger. Hier sehe ich nur ein großes Versagen, denn statt obiger Person und allen Leidensgenossen aus der gleichen Einkommensgruppe endlich die Steuern zu erlassen, wurde mit dem Geld reine Klientelpolitik betrieben, ein Wahlkampfversprechen – reiner Wählerfang.

Die Politik fragt sich immer wieder, warum Menschen sich dem extremen linken oder rechten Rand zuwenden. Vielleicht liegt in ihrem eigenen Handeln eine der Antworten. Da diese Einkommensgruppe in unserer Gesellschaft leider viel zu groß ist, haben diese Ränder reichlich Zulauf. Und mit einer Erhöhung des Mindestlohns ist es nicht getan, denn das müssen dann Unternehmen stemmen (und das sollten sie!). Aber der Staat und die Gewerkschaften müssen es auch konsequent kontrollieren. Denn sonst kommt der Mindestlohn in manchen Firmen nicht bei den Beschäftigten an. Auf dem Papier ja, aber wenn dort eine kleinere Stundenzahl als die tatsächlich gearbeitete niedergeschrieben wird, dann nutzt der Mindestlohn dem Geringverdiener gar nichts. Und das ist leider viel verbreiteter, als uns lieb sein kann. Der Staat selber muss auch bei sich anfangen, die Lage der Geringverdiener durch Steuerentlastungen zu verbessern, nicht nur die Verantwortung woanders hinschieben.

Wie könnte das gehen? Entweder muss der Staat diesen Ausfall über Einsparungen finanzieren, denn er hat es sich schließlich ungerechterweise vorher über die andauernde kalte Progression zusätzlich einverleibt. Oder er muss den gesamten Steuertarif ändern. Natürlich geht auch eine Kombination aus beiden Ansätzen.

Bei einer kompletten Veränderung des Steuertarifs kommt es natürlich auch zu Steuererhöhungen. Die sind nun für manche Politiker ein Vorgang, dem sie nicht zustimmen dürfen, fast wie eine Ideologie. In gewisser Weise gebe ich ihnen Recht. Ein Staat der schon die zweithöchsten Abgaben hat, besitzt keinerlei Rechtfertigung, dem Bürger noch mehr seines Geldes zu entziehen, er sollte sich ein Sparprogramm zulegen. Die gleichen Politiker hatten aber kein Problem damit, heimlich die kalte Progression als Steuererhöhung weidlich zu nutzen.

Mein Vorschlag, weil es sonst nie zur Entlastung der unteren Einkommensbereiche kommt: Der gesamte Steuertarif wird so weit nach oben verschoben und nach oben erweitert, dass es zu einer gravierenden Entlastung am unteren Ende kommt. Das führt gleichzeitig am oberen Ende zu einer Steuererhöhung, um die Mindereinnahmen zu kompensieren. Bitte keinen Aufschrei aus der Politik. Ich habe immer wieder Stimmen bei sehr gut verdienenden Menschen gehört, die dazu bereit wären. Unter einer Bedingung: Dass dieses Geld tatsächlich bei den unteren Lohngruppen ankommt und nicht irgendwo im Staatssäckel verschwindet. Die Bürger haben schlechte Erfahrungen mit Zusagen, wenn es um Steuern geht. Bestes Beispiel ist der Solidaritätsbeitrag. Er war gut und sinnvoll, um die Kosten der Wiedervereinigung zu stemmen. Er war zeitlich begrenzt, eigentlich. Aber das wurde so lange ignoriert und das Geld im Haushalt verplant, bis klar wurde, dass das Bundesverfassungsgericht dem Thema bald einen Riegel vorschieben würde. Gib der Politik mehr Geld und sie schafft es locker, es auszugeben. Also muss die Verschiebung der Steuertarife neutral sein und nicht im Verborgenen zu Mehreinnahmen des Staates führen. So würde es in meinen Augen gelingen. Das ist aber nur die für die Politik seichte Variante. Die muss auf jeden Fall kommen. Aber wenn man mit Zahlen operiert, wird schnell klar, dass es eine Mischung sein muss. Würde der Spitzensteuersatz um 3 % erhöht, bringt das 5 Milliarden zusätzliche Steuern. Aber die Entlastung der unteren Lohngruppen wird mit bis zu 30 Milliarden veranschlagt (Institut der deutschen Wirtschaft). Es wird Zeit, dass hier jemand neutrales genau nachrechnet und aufzeigt, wieviel der Staat an anderer Stelle einsparen muss (fangen wir doch bitte sofort bei der Größe des Bundestages und den Folgekosten der zu vielen Parlamentarier an und schon sind ein paar hundert Millionen im Sack).

Vielleicht gehen ja auch die Kosten für Soziales zurück, wenn die Menschen mehr Geld zur Verfügung haben. Es ist widersinnig, es ihnen erst als Steuern wegzunehmen und dann großzügig wieder zu verteilen, z. B. bekommen über 700.000 Haushalte in Deutschland Wohngeld. Natürlich macht es Spaß großzügig zu sein bzw. man kann so schön beim Wähler glänzen. Nur die Menschen würden lieber auf Almosen vom Staat verzichten, wenn sie selbst genug Geld in der Tasche hätten. Das macht erstens viel zufriedener, ein selbstbestimmtes Leben zu führen. Und zweitens kommt es auch bei allen an. Es gibt genügend Menschen, die voller Scham nicht zum Sozialamt gehen und auf die ihnen zustehenden Leistungen verzichten. Mit der Folge, dass als erstes immer die soziale Teilhabe leidet. Versetzt die Menschen in die Lage, dass sie nicht zum Sozialamt gehen müssen.

Diese Einsparungen bei den Sozialkosten sind vom Steuertarif abzuziehen. Sollte es die Politik gut machen, sollte ein Teil der Steuerverluste durch Einsparungen im Gesamthaushalt gegenfinanziert werden. Ich wage gar nicht davon zu träumen, dass es komplett gegenfinanziert wird. Wer als Staat die zweithöchste Abgabenquote hat, hat auf jeden Fall Sparpotential, auch wenn das mit harter Arbeit verbunden ist. Und mit Einbußen an Macht. Ein kleineres Budget ist immer ein persönlicher Verlust für den betroffenen Minister. Es sei denn, man verkauft es dem Wähler als seinen großen Wurf.

Es ist in diesem Zusammenhang gerne von Umverteilung die Rede. Es sind die Bürger und Unternehmen, die das Geld erwirtschaften, nicht die Politiker. Sie sind nicht die großen Gönner, die etwas verteilen. Aber der Staat hat dafür zu sorgen, dass es fair zugeht. Und das ist für mich gegeben, wenn jeder von seiner Hände Arbeit in einem Vollzeitjob leben kann, ohne dass er Überstunden und Feiertagsarbeit macht oder einen Zweitjob braucht. Und das ist nicht mit dem Mindestlohn getan. Hört also endlich auf zu reden, macht endlich und stampft dafür Eure roten Linien ein. Es wäre einer der größten Beiträge für den Zusammenhalt unserer Gesellschaft.

Aus welchen Bereichen sind die Menschen, die in unserer Gesellschaft als arm gelten (Zahlen vom Paritätischen Wohlfahrtsverband: Armut in der Pandemie)? 16,1 % der Bevölkerung gelten als arm, das sind immerhin 13,4 Millionen Menschen. Davon gehören 30,9 % zu den Haushalten mit drei und mehr Kindern und 40,5 %

sind Alleinerziehende (siehe Beispiel oben). Überproportional findet man darin Menschen, die zu folgenden Gruppierungen gehören:

Erwerbslose	52,0 %
Niedrige Bildungsabschlüsse	30,9 %
Migrationshintergrund	27,9 %
Keine deutsche Staatsangehörigkeit	35,8 %.

Damit sind wir wieder bei den Forderungen zum Thema Bildung und Einwanderungsgesetz.

Und zum Schluss kann ich mir das Folgende nicht verkneifen: auch in einer sozialen Marktwirtschaft muss sich Leistung lohnen. Ständig auf den Gutverdienern rumzuhacken, hat dazu geführt, dass viel Geld verdienen anrüchig geworden ist, es hat fast den Geschmack von kriminell. Bei jeder Gelegenheit wird eine Neiddebatte losgetreten, statt die Zeit mit der Lösung von Problemen zu verbringen. Das Streben nach Wohlstand ist seit Jahrzehnten eine der wesentlichen Säulen des Erfolges unseres Landes. Leistung und damit auch der resultierende Wohlstand muss endlich wieder positiv besetzt sein.

Die Sprachpolizei

Um eine Botschaft zu übermitteln, braucht es eine verständliche Sprache. Wenn ein Wissenschaftler im englischsprachigen Raum ein Buch schreibt, dann versucht er, es so auszudrücken, dass es möglichst viele Menschen verstehen. Das war im Deutschen schon immer genau anders herum. Hatte ein Werk einen hohen wissenschaftlichen Anspruch, dann wurde es möglichst kompliziert geschrieben, so dass es auch nur ein Bruchteil der Bevölkerung verstehen konnte. Es taugte sonst nichts. Genau dieses Gefühl habe ich, wenn ich gegenderte Texte lese. Manche wirken auf mich so unverständlich, dass ich sie nach wenigen Zeilen weglege. Vielleicht ein Verlust, weil der Inhalt gut ist, aber es ist mir zu anstrengend. Aber die Dinge passen zusammen: der hohe wissenschaftliche Anspruch und der moralische Aspekt beim Gendern. Ich werde das Gefühl nicht los, dass dieser Teil der Bevölkerung sich als der bessere, als den Gutmenschen betrachtet. Und sie sind eine klare Minderheit, die versucht die Mehrheit zu dominieren (erziehen). Nicht sehr demokratisch. Wenn ihr Sprachveränderer das wollt, dann macht gefälligst einen Antrag im Bundestag und lasst darüber abstimmen, am besten ohne Fraktionszwang. Das ist bei einer entscheidenden Veränderung in unserer Gesellschaft nun mal erforderlich. Das geht nicht durch die Hintertür. Und die große Mehrheit der Bevölkerung will das nicht. Vielleicht wird es in diesem Punkt Zeit für eine Volksabstimmung, denn es handelt sich um ein Thema, bei dem alle täglich betroffen sind.

Die Auswüchse werden immer grösser: jedes Land hat jetzt im öffentlich rechtlichen Rundfunk und Fernsehen zwei Einwohner: Afghanen und Afghaninnen. Sonst wollen die gleichen Weltverbesserer doch immer, dass die Volksgruppe für sich selbst sprechen muss. Auf keinen Fall darf jemand anderes als eine Mexikanerin die Hauptrolle in einem Film über Mexiko übernehmen. Da ist -wie geschehen- sofort ein Shitstorm angesagt. In Zukunft darf ein Schauspieler nur noch sich selbst spielen, alles andere ist Anmaßung. Damit hat er Berufsverbot, den Beruf des Schauspielers können wir damit einstampfen. Ich warte nur noch darauf, dass bald einer von Deutschen und Deutschinnen spricht, denn mit allen anderen Ländern wurde es bereits gemacht. Leider trauen sich bereits viele Medien nicht mehr, anders zu sprechen oder zu schreiben. Danke an die, die noch verständlich schreiben.

Soll ein Text klar und verständlich sein, dann muss er auch ohne Zurückhaltung Probleme und Situationen beschreiben, Bilder im Kopf des Lesers erzeugen und manchmal provozieren. Das alleine macht einen Text heutzutage gefährlich für den Autor, denn schon kommen die ersten um die Ecke, denen die Argumente und Schlussfolgerungen nicht gefallen und rufen „Rassismus, xy-phobie oder Faschist" und was weiß ich noch alles. Ich will mich nicht dazu entscheiden, um der Ruhe willen einen nichtssagenden Text zu schreiben (so wie manche Politiker reden). Dann kann ich es auch gleich ganz lassen (was obigen Freunden der Empörung gerade recht wäre).

Ich möchte, dass mein Text sich für jeden einfach liest. Daher bleibe ich bei einer einfachen Sprache und, ob ich die weibliche oder männliche Form wähle, ich meine alle. Ich lasse mir auch nichts anderes unterstellen. Ich möchte, dass der Text einfach zu lesen und damit zu verstehen ist. Das ist mein Ziel als Autor.

Hatschi - Gesundheit

Ein Schwindelanfall zwingt mich 2021 zu Boden. Seitdem habe ich Atemnot, bleierne Müdigkeit und mir fehlen beim Sprechen manchmal Worte. Und was jetzt kommt, beschreibt unser Gesundheitssystem ziemlich gut. Es ist nämlich krank. Es beginnt ein Marathonlauf. Die sofortigen Maßnahmen wie Blutuntersuchungen und diverse EGKs zeigen, dass ich gesund bin. Wer gesund ist, wurde nur noch nicht ausgiebig untersucht. Mein Hausarzt schreibt mir eine Überweisung zum ersten Facharzt, denn er hat eine Vermutung, was mich schwindelig macht. Ich mache mir einen Termin, bzw. will einen machen, denn erst einmal wähle ich mir die Finger wund. Ich habe die Auswahl zwischen besetzt, keiner geht ran oder eine Stimme erzählt mir am Donnerstag um 10 Uhr morgens, dass ich außerhalb der Sprechzeiten anrufe. Die sind donnerstags von 9-12 Uhr. Das mit dem Anrufbeantworter ist nicht etwa die Ausnahme, es passiert mir im Laufe meiner Odyssee immer wieder. Es hat wohl Methode. Endlich verbunden habe ich Glück: es ist durch eine Absage gerade ein Termin in 3 Wochen frei geworden. Wie bitte? Ich bin jetzt krank und so, wie ich dreimal zusammengesackt bin, halte ich das Risiko, so lange zu warten, für zu groß. Aber einen anderen Arzt mit einer früheren Möglichkeit finde ich nicht. Ich nehme mal vorweg, dass nach vielen Untersuchungen bis heute keine Ursache gefunden worden ist. Aber wenn ich die Treppe raufgehe, habe ich, oben angekommen, Atemnot (wir reden von 10 Stufen, nicht von einem Wolkenkratzer). Für mich, der ich viel Sport treibe, ist das beängstigend. Ich habe meinen Hausarzt gleich am Anfang gebeten, mit mir alle Möglichkeiten von Ursachen durchzuspielen und darauf bestanden, dass ich für alle diese Varianten eine Überweisung zum Facharzt bekomme, jetzt. Ich habe anschließend zu Hause sofort mit vielen verschiedenen Praxen Termine gemacht, Wartezeit 1 bis 6 Monate. In einer Radiologie wurden eine Röntgenaufnahme und ein CT gemacht. Als ich anschließend noch ein MRT brauchte, war die Antwort, das geht dieses Quartal nicht mehr, hier ist ein Termin im nächsten. Es gibt irgendeine Bestimmung (der Krankenkassen?), die es der Radiologie Praxis untersagt, mehr als 2 Untersuchungen an einem Patienten pro Quartal zu machen. 8 Monate nach meinen schweren Schwindelanfällen bin ich mit fast allen vorgeschlagenen Untersuchungen durch. Wäre ich den normalen Weg gegangen, erst eine Untersuchung mit negativem Befund und dann die nächste Überweisung mit Terminsuche, hätte der Vorgang ca. 12 oder mehr Monate gedauert. Und bis jetzt hat niemand etwas gefunden, ich schleiche aber wie ein alter Mann durch die Gegend, bei dem jemand auf die Zeitlupentaste gedrückt hat. Welche Konsequenz ziehe ich daraus? Wenn der nächste nur kleine Anfall kommt, lasse ich mich mit dem Notarzt in Krankenhaus bringen, dann wird alles kurz hintereinander untersucht, so meine Hoffnung. Warum ertrinken die Krankenhäuser in der immer grösser werdenden Menge an Notfall-patienten? Ich glaube, ich kenne eine Ursache: unser Gesund-heitssystem.

Wenn jemand ernsthaft krank ist, gehört er zum Arzt, damit dort gründliche Untersuchungen in kurzer Zeit feststellen, was die Ursache ist und wie dem Patienten geholfen werden kann. Denn in einem Gesundheitssystem geht es primär um die Beseitigung von Krankheiten. Diese Feststellungen werden wohl die meisten unterschreiben. Und warum klappt das nicht? Meine Geschichte von oben könnten viele Mitbürger mit eigenen leidvollen Erfahrungen ergänzen und deshalb zeigt es einige grundlegende Probleme des Systems.

Hier muss die Politik dringend Abhilfe schaffen und zwar an der Wurzel des Übels, nicht in der Verwaltung des Mangels, indem die

Krankenkasse oder ein Call-Center das Herumtelefonieren für mich übernimmt. Leider scheint das für die Politik aber kein Thema zu sein, denn sie redet sich das Thema schön. Im Mai 2022 habe ich ein Statement des Patientenbeauftragten der Bundesregierung gehört. Er war zu den enormen Wartezeiten für einen Arzttermin angesprochen worden. Zusammengefasst war die Antwort: Das kann nur ein regionales vereinzeltes Thema sein, nach einer Befragung von Patienten haben 85% der Kranken kein Problem einen kurzfristigen Termin zu bekommen. Damit war das Thema für den Beauftragten erledigt. In meinem Bekannten- und Freundeskreis, der sich über die ganze Bundesrepublik erstreckt, kenne ich keinen, der diese Aussage bestätigen würde. Alle wettern über die Facharzttermine, die grundsätzlich 3-6 Monate in der Zukunft liegen. Es sei denn die Freunde sind privat versichert, die haben kein Problem. Bösartige Frage: Hat man vielleicht Privatpatienten in der Befragung gehabt? Unsere Politik nimmt also ein wesentliches Problem unserer Gesundheitssystems überhaupt nicht ernst, sie sind sich des Problems scheinbar gar nicht bewusst.

Ist das Konzept, dass ein Patient sich von einem Facharzt zum nächsten hangelt, noch zeitgemäß? Oder wäre es sinnvoller, dass bei komplexen Gesundheitsproblemen der Patient in ein Gesundheitszentrum geht, wo er in einem Zuge von verschiedenen Fachbereichen untersucht wird und sich anschließend die beteiligten Ärzte zusammensetzen, um eine Diagnose und den Behandlungsplan zu erstellen? Da die Untersuchungen heute unabhängig voneinander stattfinden, geht wichtige Zeit und Informationen verloren und der Patient selber scheint die Klammer zwischen den Ärzten zu sein. Da er Laie ist, kann das nur zu Verlusten führen. Ein solches Zentrum können auch Kliniken sein, wenn sie für diese Fälle denn anders organisiert wären. Die einzelnen Abteilungen scheinen mir wie Silos zu sein, die kaum Verbindungen zu anderen Fachbereichen haben. Eine solche Bündelung würde auch viele doppelte Untersuchungen sparen, die mit hohen Kosten unsere Beiträge belasten.

Anzahl der Ärzte

Wenn schon in der Stadt die Praxen überlaufen sind, dann möchte ich mir lieber nicht vorstellen, wie es den Bürgern geht, denen so langsam die Landärzte ausgehen. In unserer Wirtschaft ist es ein Problem, dass die geburtenstarken Jahre der Babyboomer nun in Rente gehen. Die erfahrenen Fachkräfte gehen von Bord, dafür kommen Junge ohne Erfahrungen in wesentlich kleinerer Anzahl nach, ein verdoppelter Aderlass. Genauso geht es den Ärzten, viele gehen jetzt und in naher Zukunft in Rente und verhältnismäßig wenige kommen nach. Bei den niedergelassenen Ärzten sind 20% über 60 Jahre alt (bei den anderen Ärzten wird es so ähnlich sein), sie sind unser Hauptansprechpartner. Wenn sie aufhören, dann schließen viele dieser Praxen, weil junge Ärzte vermehrt lieber eine Anstellung suchen, als sich dem Zeitaufwand und dem Bürokratiestress einer eigenen Praxis auszusetzen. An dieser Stelle mit der Bürokratie sind dringend die Politik und die Krankenkassen gefordert, den Wust zu entwirren und zu verkleinern. Ca. 10.000 junge Ärzte verlassen pro Jahr erfolgreich die Universitäten, das sind viel zu wenige. Es müssten 16.000 sein, um diesen Aderlass zu kompensieren. So haben wir einen 4-fachen Effekt in die falsche Richtung: Viele Ärzte gehen in Rente, weniger junge kommen nach, die alternde Bevölkerung braucht mehr medizinische Versorgung und es fehlen heute schon erhebliche Kapazitäten, wie mein Beispiel oben mit den langen Terminen beweist.

Jetzt könnte noch einer mit dem Buzz-Wort Effizienz und Digitalisierung kommen. Da gibt es noch viele Ressourcen freizuschaufeln. Das stimmt, wenn ich auf die Bürokratie schaue. Das betrifft in erster Linie die Abrechnung, Terminorganisation und die Vorgaben des Gesetzgebers und der Krankenkassen, mit denen sich die Mitarbeiter einer Praxis herumschlagen müssen. Aber das bringt dem Arzt selbst nicht mehr Zeit für mehr Patienten. Da der Arzt ja pro Fall bezahlt wird, bleibt bei vielen schon wenig Zeit für den Patienten und das ist für den Kranken kontraproduktiv. Wohl dem, der einen Arzt hat, der sich für ihn die nötige Zeit nimmt. Beim

Krankengespräch und der Untersuchung ist Zeiteinsparung fehl am Platze. Und die immer wieder gerne aufgeführte elektronische Patientenakte sucht nach vielen Jahren immer noch einen Gesundheitsminister, der das Unmögliche schafft. Auf die sollten wir lieber nicht bauen (aber müssen sie trotzdem mit Leben versehen). Sage und schreibe 600 Millionen Euro wurden hier bereits seit dem Start vor ca. 20 Jahren verbraucht (nettes Wort), aber herausgekommen aus Sicht des Patienten ist nichts. Wer schon einmal versucht hat, Untersuchungsergebnisse auf seine vorher installierte Patientenakte zu laden, bekommt von seiner Praxis oder vom Krankenhaus in 90% der Fälle ein Achselzucken. Aber der Datenschutz, der ist gewahrt!

Fazit: Wir brauchen viel mehr Studienplätze für Medizin, aber nicht die paar, die sich alle rühmen, in den letzten Jahren zusätzlich geschaffen zu haben. Wie viele brauchen wir? Das könnten Fachleute genau ausrechnen. Der Marburger Bund sagt plus 6.000. Wann die aktuellen Ärzte über 60 Jahren Alter in Rente gehen, kommt echt überraschend. Wir wissen es erst seit 35-40 Jahren (da haben sie ihre Facharztausbildung abgeschlossen). Es ist wieder die böse Vermutung, dass die Verbesserung von zusätzlichen Studienplätzen sich erst in 6 und mehr Jahren in Ärzte verwandelt, die uns Bürger behandeln können und das hilft der Politik nicht zum Machterhalt in 4 Jahren bei der nächsten Wahl.

Höre ich irgendwo: das ist zu teuer? Wie passt das eigentlich zusammen, dass wir eines der teuersten Gesundheitssysteme haben, aber die Leistung nicht stimmt. Am Geld scheint das also nicht zu liegen. In der EU sind wir die Nummer 1, denn wir geben pro Kopf 4505 Euro aus (OECD) und liegen damit fast ein Drittel über dem Durchschnitt. Dabei ist dieser Wert auch noch kaufkraftbereinigt berechnet. Es fällt dabei auf, dass wir mit Abstand die höchste Bettendichte in der EU haben: 7,9 Krankenhausbetten pro 1000 Einwohner, was fast 50 % über dem EU Durchschnitt liegt. Das schien in der Corona-Pandemie scheinbar ein Vorteil zu sein. Aber was nutzen die vielen Betten, wenn wir bei den Zahlen der Ärzte pro Bett dann wieder schlecht abschneiden. Schaut man sich die Anzahl der

Patienten an, die eine Pflegekraft in Deutschland mit 13 Personen zu versorgen hat, dann stehen wir noch schlechter da, nämlich am Ende der EU. In Belgien versorgt eine Pflegekraft 10,7 Patienten und in der Schweiz (gehört nicht zur EU) sogar nur 8. Was nützen all diese vielen Betten, wenn die wichtigste Komponente für die Behandlung und Genesung die Ärzte und Pflegekräfte nur von Bett zu Bett hetzen. Ich hätte die Vermutung, dass wir deshalb länger im Krankenhaus bleiben als nötig. Aber das kann ich nicht mit Zahlen belegen. Warst Du kürzlich mal im Krankenhaus? Ich leider ja (siehe oben). Ich habe bestimmt nichts gegen schnelles Arbeiten. Aber egal bei was, im Krankenhaus sind die Pflege- und auch Hilfskräfte gehetzt. Sie versuchen ihr Möglichstes und bleiben im Zweifelsfalle mit Ihrer eigenen Gesundheit auf der Strecke. Liebe Politik, die ihr immer von Respekt und sozialer Balance redet. Hier habt ihr alle versagt. Ich frage mich, warum die zuständigen Gewerkschaften hier nicht bis hin zur Blockade auf die Barrikaden steigen. Oder die verantwortlichen Chefärzte und Klinikleitungen, die eine Verantwortung für Ihre Mitarbeiter haben. Für mich findet hier schamlose Ausnutzung von Arbeitskräften statt. Es wird rücksichtslos einkalkuliert, dass es sich bei Pflegekräften um Menschen handelt, die als hohen Wert „Helfen" in ihrer Persönlichkeit tragen. Denn es ist ihre Berufung und Leidenschaft, sie können nicht anders. Oder doch? Mehr und mehr Pflegekräfte werden unter diesen Bedingungen dem Beruf den Rücken zukehren. Das macht sie zwar traurig, aber sie haben erkannt, dass sie sich selbst schützen müssen, vor Burnout, Krankheit und totaler Unzufriedenheit. Zeit zum Handel war gestern, lange vor Corona, es ist bereits 5 nach 12.

Die Probleme der Fallpauschale

Setze ich in der Industrie meinen Mitarbeitern ein Ziel, dann werden sie Mittel und Wege finden, diese Ziele zu erreichen, insbesondere wenn damit ein finanzieller Bonus verbunden ist. Ich muss dann mit den Folgen leben, wenn ich mir das nicht vorher gut überlegt habe. Kleines Beispiel: Ich sage jedem einzelnen Verkäufer, dass sein Ziel ist, Aufträge von insgesamt 3 Millionen € in diesem Jahr zu bringen. Das gibt 100% Bonus. Sind es 4 Millionen bekommt er 150%, bei 4,5 200%. Ganz sicher, die rennen alle los und jagen auf dem Markt nach Aufträgen. Sie schaffen auch die Ziele und sogar noch darüber hinaus. Das ist doch toll für die Firma. Vielleicht doch nicht, denn mit der Zielsetzung könnte sie bald pleite sein. Wenn der Verkäufer nur nach dem Auftragseingang gesteuert wird, dann kann er ja alles zu Schleuderpreisen verramschen, die Firma macht mit jedem dieser Aufträge miese. Und weil es so viele davon sind, kommt das Unternehmen in Schieflage. Es macht keinen Gewinn, sondern Verlust. Das ist das Ergebnis einer schlechten Zielsetzung.

Damit alle im Gesundheitswesen auf Effizienz getrimmt werden, hat sich die Politik die Fallpauschale einfallen lassen. Statt wie früher üblich, den operierten Patienten noch übers Wochenende im Krankenhaus zu behalten, weil ein paar Betten frei waren und dann mit der Krankenkasse abgerechnet werden konnten, schaut das Krankenhaus heute, dass der Patient möglichst schnell wieder das Haus verlässt. Er soll wenig Kosten verursachen, denn mehr als die Fallpauschale gibt es nicht. Will der Verwaltungsdirektor keine Miesen mit einem Patienten machen, muss alles kurz und effizient sein. Das macht so erst einmal Sinn, denn es reduziert die Kosten der Allgemeinheit für die Krankenversicherung. Wird der Patient dadurch gesund?

Und schon ist die Finanzabteilung des Krankenhauses am Werk und analysiert für das zurückliegende Jahr, was waren die Kosten z.B. für eine OP zum künstlichen Hüftgelenk und vergleicht diese mit den Einnahmen der Hüft-Fallpauschale. Das machen sie für alle Formen von Operationen. Am Ende der Rechnung weiß das Krankenhaus, mit welcher OP verdienen wir am meisten und mit welcher am wenigsten oder wir machen sogar Verlust damit. Eigentlich sind Ärzte dem Wohl des Patienten verpflichtet und da leisten sie auch tolle Arbeit. Aber nun kommt der Druck der Klinikleitung: Wir brauchen mehr OPs für künstliche Knie, das bringt mehr Geld in die Kasse. Und siehe da, die Anzahl steigt. Ein Schelm, wer Böses dabei denkt. In

Deutschland werden bestimmte OP prozentual zur Bevölkerungszahl gesehen viel öfter durchgeführt als bei unseren europäischen Nachbarn. Rate mal welche Operationen das sind. Das System der Fallpauschalen scheint mir bisher noch nicht ausgereift zu sein.

In die gleiche Richtung geht das System, Krankenhäuser zu spezialisieren, was vom Grundsatz gut für uns Patienten ist. Ich lasse mir lieber von einem Arzt den grauen Star operieren, der das ein paar tausend Mal im Jahr macht, denn er hat reichlich Erfahrung damit. Auch hier gibt es den Wermutstropfen für den Patienten. Denn zieht der Gesetzgeber eine Mindestgrenze ein, sagen wir 50 Hüft-OPs pro Jahr und es ist Mitte Dezember und die Klinik ist bei 48. Es kommen vor Weihnachten noch zwei Patienten, bei denen beurteilt werden soll, ob ein künstliches Gelenk nötig ist. Wie fällt wohl diese Entscheidung aus, ob es noch mit konservativer Behandlung zu machen ist oder nicht? Der untersuchende Arzt wird hier unter einen unfairen Druck gesetzt, denn die Ursache liegt im System, das in meinen Augen weitere Regelungen im Sinne des Patienten braucht.

Ein Krankenhaus oder eine Arztpraxis sollte eine effiziente Organisation sein und da gibt es immer etwas zu verbessern, was letztlich die Kosten für den Kunden (Versicherungsbeitrag des Patienten) im Zaum hält und auch die gezielte, schnelle Behandlung ermöglicht. Im Durcheinander gibt es keine gute Leistung, eher Kunstfehler. Daher bin ich kein Anhänger der Rufe, dass der Staat das Gesundheitswesen besitzen soll, statt dass die freie Wirtschaft mit dieser Dienstleistung Profit erwirtschaftet. In Deutschland wird immer sofort das Wort Gier ins Spiel gebracht. In den meisten Firmen arbeiten auch an der Spitze sehr gewissenhafte Menschen, die ihre gesellschaftlichen Verpflichtungen kennen. Ich möchte nicht, dass in Zukunft die Krankenhäuser so pünktlich und präzise operieren wie die Deutsche Bahn uns befördert. Ich kenne kein Beispiel, in dem der Staat der bessere Unternehmer war. Aber die Regelungen wie die Fallpauschale gehören dringend verbessert bzw. verfeinert, damit die falschen Weichenstellungen korrigiert werden.

Wirtschaftlichkeit ist das Motto

Wenn ich mich richtig erinnere war es der Minister Blüm, der dem Gesundheitswesen den damals neuen Begriff der Wirtschaftlichkeit in das Stammbuch geschrieben hat. Wenn ich mir anschaue, was ich in Krankenhäusern so erlebt habe, dann kann ich manche Abläufe mit den Augen eines Managers nur als chaotisch betrachten. Und an dieser Stelle hatte der damalige Minister Recht, hier gibt es Potential, erheblich besser zu werden. Leider hat das in manchen Krankenhäusern in manchen Bereichen nicht zu Verbesserungen geführt. Beispiel aus den letzten Jahren gefällig? Ich liege nach einer OP an meiner Netzhaut 6 Tage in einem Krankenhaus. Jeden Morgen findet die Visite statt. Da die Augen dabei mit speziellen Geräten untersucht werden, kommen die Ärzte nicht aufs Zimmer, sondern die Patienten gehen alle vor dem Frühstück in Richtung eines abgedunkelten Zimmers. Vor dem stehen ein paar Stühle, zu wenige für alle Patienten. Die meisten Kranken haben bereits ein respektables Alter. Die Assistenzärzte rufen einen nach dem anderen auf und machen die Untersuchung. Danach müssen die Patienten weiter vor dem Zimmer warten. Der Chefarzt kommt herangerauscht und will nun jeden Patienten auch anschauen mit mündlichem Bericht des Assistenz-/Oberarztes. Die Gesamtprozedur kann bis zu 2 Stunden dauern. Kein Patient weiß, wann er drankommt und deshalb müssen alle bis zu 2,5 Stunden vor dem Zimmer ausharren. Es passiert in dieser Zeit immer wieder, dass in den leeren Patientenzimmern das Frühstück serviert und wieder unangetastet abgeräumt wird. Es scheint mir insgesamt nicht sehr förderlich für die Genesung eines frisch Operierten, wenn er gute 2 Stunden vor einer Tür im Stehen (nicht für alle waren Stühle da) auf die Visite warten muss und dann auch noch bis zum Mittag hungern muss. Ein simpler Prozess, der völlig aus dem Ruder gelaufen ist. Ich habe die Assistenzärzte darauf angesprochen. Die haben frustriert mit den Schultern gezuckt: "Daran können wir nichts ändern". Reiner Zufall bescherte mir ein Gespräch mit der Qualitätssicherung des Krankenhauses. Ich war ausgewählt worden für eine lange Befragung. Ich habe dem Krankenhaus in diesem Gespräch sogar unentgeltlich angeboten, mit den Beteiligten einen halbtägigen Workshop zu machen, um diesen Prozess neu und schlank zu gestalten, mit dem Ziel, dass Patienten wissen, wann sie in einem kleinen Zeitfenster zur Visite erscheinen müssen. Ich verstehe etwas von Prozessoptimierungen. Die Mitarbeiterin der Qualitätssicherung war begeistert. Was wurde daraus? Ich habe nie wieder dazu etwas von dem Krankenhaus gehört. Ein paar Jahre später musste ich leider (und widerwillig) als Notfallpatient wieder in diese Augenklinik. Und was hatte sich geändert? Nichts.

Es gibt also noch einige Möglichkeiten für das Gesundheitswesen effektiver und damit wirtschaftlicher zu werden. Und an meinem Beispiel ist zu sehen, es würde auch für die Patienten eine Verbesserung darstellen.

Auf der anderen Seite wurden aber durch das Ziel der Wirtschaftlichkeit erhebliche Verschlechterungen für uns Patienten in Kauf genommen, die nicht akzeptabel sind. Gesundheit und das System dahinter dient uns Menschen, um im Krankheitsfalle schnell Hilfe zu bekommen, die Krankheit schnellstmöglich aufzuhalten, damit sie nicht noch schlimmer wird, und uns wieder gesund zu bekommen. Dieses Ziel steht für mich an erster Stelle. Die Wirtschaftlichkeit ist auch wichtig, hat sich aber dahinter einzureihen. Selbst wenn jemand meint, sie müssten auf gleicher Stufe stehen, meine Beispiele zeigen, dass die Gewichtung aus der Balance geraten ist. Mehrere Wochen und Monate für einen Termin beim Facharzt bei akuten Problemen sind nicht akzeptabel und ein gravierender Fehler im System. Es liegt nicht an den Ärzten, sondern an der Ausgestaltung unseres Gesundheitssystems. Und das ist die Aufgabe und Pflicht der Politik.

Die Krankenschwester

Die gibt es leider nicht mehr. Das ist heutzutage das Pflegepersonal und die erfahren eine veränderte Ausbildung. Es geht um

Pflege, nicht um die Behandlung des Kranken. Dafür ist alleine die Ärzteschaft zuständig. Das Pflegepersonal ist unabhängig vom Fachgebiet und kann so bequem, je nach Bedarf, von einer Station zur anderen verschoben werden. Das ist natürlich praktisch für den Verwaltungsdirektor einer Klinik. Für den Patienten ist es das nicht. Warum? Die frühere Krankenschwester bekam auch noch eine fachliche Ausbildung, je nachdem, wo sie eingesetzt werden sollte oder wollte. Kardiologie, Augen, Orthopädie, sie kannten sich in ihrem Fach aus, sie hatten sich spezialisiert. Der Stationsarzt war und ist auch heute sowieso nur einmal am Tag wirklich verfügbar. Viel der zielgerichteten Behandlung wurde durch die Schwestern vorgenommen, sie hatten es gelernt, sie konnten es. Gut für den Patienten, denn statt mehrere Stunden auf einen Arzt zu warten (im Zweifelsfalle ist der jung und unerfahren) haben die Schwestern das Heft des Handelns in die Hand genommen. Sie haben sofort gesehen/gerochen, dass etwas nicht stimmte, wenn sie regelmäßig ins Zimmer kamen und sich sofort selbst darum gekümmert. Das heutige System hat zwei schlechte Auswirkungen: Der Kranke wird weniger betreut, weil er lange auf den Arzt warten muss und das heutige Pflegepersonal kann hier keine Zufriedenheit mehr daraus ziehen, den Patienten mit seinem Wissen zu helfen. Ich habe das Gefühl, sie dürfen es nicht mehr. Auch das Pflegepersonal möchte vorankommen, sich weiterentwickeln, aber das ist irgendwie verbaut, weil nicht mehr vorgesehen. Neben den Arbeitsbedingungen (siehe oben) ist das ein weiterer Punkt, warum das Pflegepersonal so rar ist bzw. den Beruf verlässt. Es hat viel Attraktivität gegenüber der früheren Aufgabe und Ausbildung der Krankenschwester verloren. Aber Mitarbeiter- und Patientenzufriedenheit scheint bei dieser Umstellung nicht das Ziel gewesen zu sein.

Pflegeversicherung

Hier kann man schön sehen, wie Verordnungen bis zur Besinnungslosigkeit kompliziert werden. Hast Du einen Angehörigen, der schon eine genehmigte Pflegestufe hat? Dann wirst Du jede Menge Geschichten zu erzählen haben, über die Beantragung und das dann folgende Leben mit der genehmigten Pflegestufe. Hat die leidende ältere Person Angehörige, die die Nerv tötende und zeitintensive Bearbeitung der Bürokratie auf sich nehmen, dann macht sich jedenfalls jemand die Mühe, durch all das durchzusteigen. Ein älterer Mensch, der keine Angehörigen hat, die noch fit und mobil sind, ist hier gänzlich verloren. Warum? Füllst Du einen Antrag aus, dann stehst Du wie der Ochs vor dem Berge und musst Dir professionelle Hilfe suchen, denn alleine, fürchte ich, bist Du darin verloren. Kommt dann der medizinische Dienst, lauert die nächste Falle. Der Vor-Ort-Termin ist ein gefährliches Glatteis. Der Alte Mensch versucht natürlicherweise sich gut darzustellen. Wer würde das nicht tun? Wir machen das unser ganzes Leben. Anziehen? Na klar kann ich das alleine. Schon bist Du durchgefallen, denn Du kannst das ja noch alleine. Keine Rede davon, dass es einschließlich Badezimmer über eine Stunde dauert und man keine Socken anhat, denn soweit kann er sich nicht mehr bücken. Ich will hier dem Medizinischen Dienst nichts unterstellen. Aber das System selbst ist darauf angelegt, möglichst alles herunterzuhandeln. Es geht davon aus, dass es betrogen werden soll und das muss mit aller Kraft verhindert werden. Auf der Strecke bleiben dabei die gutgläubigen Menschen. Da die große Mehrzahl der Bürger ehrlich und rechtschaffend ist, wird zur Verhinderung weniger Betrugsfälle viele „unschuldige" Menschen durch ein grenzwertiges System gezwungen und im Zweifelsfalle um die korrekte Pflegestufe betrogen, insbesondere die, die keinen Beistand, keine Unterstützung von Fachleuten haben. Für mich ist das System schon zu kompliziert angelegt, wenn die Betroffenen sich überhaupt für die Beantragung und Erreichung einer Pflegestufe Rat holen müssen. Das ist Bürger unfreundlich, aufwändig und teuer. Aber das ist ja nicht das Geld und die Zeit des Staates.

Hast Du dann die Pflegestufe, dann wäre doch die Annahme, dass das Thema nun erledigt ist, oder? Nein! Es bleibt genauso kompliziert und aufwendig. Man könnte meinen, dass dann mit einer Pflegestufe bestimmte Leistungen des Pflegedienstes auch gleich genehmigt sind. Denn die Probleme des alten Menschen sind ja festgestellt. Das ist aber nicht so. Die Angehörigen bleiben im Dauerstress und verbrauchen ihre Lebenszeit dafür, dass sie für jedes Hilfsmittel eine Verordnung des Arztes brauchen. Hat der Patient sich wundgelegen, braucht eine Inkontinenzunterlage? Ja dann kann hier nicht einfach etwas vom Pflegedienst gemacht werden. Wo kommen wir da hin. Das muss erst einmal der Arzt beurteilen, ob das so ist und dann eine Verordnung ausschreiben. Und das obwohl ja festgestellt ist, dass der Patient bettlägerig ist. Die kleine Verordnung, reg Dich nicht auf. Das klingt auf dem Papier so einfach. Aber für den Angehörigen heißt das, im Zweifelsfalle den Alten anziehen, zum Arzt bringen (schleppen), warten, Diagnose, warten, Verfügung bekommen, wieder nach Hause, den Alten wieder bettfertig machen. Da sind dann 3-4 Stunden rum, 20 km auf dem Tacho des Autos mehr (Klimawandel?). Und leider bleibt es nicht bei einer Verordnung, denn für jede Kleinigkeit brauchst Du noch eine. Und der Arzt stellt auch noch eine Rechnung, jedes mal. In meinen Augen ist doch der Zustand der kranken Alten amtlich festgestellt. Hier wird ein millionenfacher Aufwand betrieben, der Unsummen Geld ver- schlingt, damit auf keinen Fall irgendetwas zu viel abgerechnet wird. Es kostet aber mehr, als es einspart. Und der zeitliche und finanzielle Aufwand der Angehörigen ist dabei noch gar nicht mitgerechnet. Der wird dann zur volkswirtschaftlichen Katastrophe und ist eine Beleidigung für die Angehörigen. In der Wirtschaft habe ich ein Wort dafür gelernt: Funny Money. Man sonnt sich in der Einsparung, gibt aber ein Vielfaches an anderer Stelle für die Verordnung des Arztes wieder aus. Es ist schwierig, etwas einfach zu machen, aber einfach, etwas schwierig zu machen. Letzteres bekommen wir in unserem Staat an viel zu vielen Stellen hin. Sich die Vereinfachung vorzunehmen (siehe aktuellen Koalitionsvertrag) ist das eine, aber Papier ist geduldig. Die ersten erlassenen Gesetze sprechen die gegenteilige Sprache. Und das lässt sich immer gut mit „Gerechtigkeit" begründen. Wer will dagegen schon etwas sagen. Ist wegen dieser Komplexität unsere Kranken-/Pflegeversicherung so teuer?

Datenschutz gegen medizinischen Fortschritt

Künstliche Intelligenz markiert auch einen Meilenstein für die sprunghafte Weiterentwicklung der Medizin zum Vorteil der heute lebenden Menschen und zukünftiger Generationen. Warum? Sie könnte zu einer fantastischen Unterstützung von Ärzten bei der Diagnose von Krankheiten werden. Schon heute wird z.B. bei der Beurteilung von Röntgenbildern und anderen bildgebenden Verfahren in fortschrittlichen Kliniken künstliche Intelligenz verwendet. Ein Tumor wird von diesen schlauen, stetig dazu-lernenden Programmen mit einer höheren Treffsicherheit als von einem Facharzt erkannt. Das setzt die Leistung eines Arztes nicht herab. Erfahrung spielt eine große Rolle, die ihn im Laufe seines Lebens das Bild immer treffsicherer beurteilen lässt. Künstliche Intelligenz gründet sich auf die Erfahrung von ganz vielen Ärzten und wird damit schlauer bei der Diagnose als ein einzelner Arzt, insbesondere wenn er jung ist mit wenig Erfahrung. Es könnte am Ende die Weisheit aller Ärzte zusammen sein, die dann schneller und sicherer die richtige Diagnose stellen. Und das gilt nicht nur für das gewählte Beispiel des Röntgenbildes. Wie meine Geschichte oben zeigt, rennen viele Patienten von Arzt zu Arzt, ohne dass die Ursache für ihre Beschwerden gefunden wird - Abenteuer Diagnose. Der Zufall entscheidet, ob ich einen Termin bei dem Arzt habe, der schon einmal mit diesem Problem in Berührung gekommen ist. Diesen Zufall könnte künstliche Intelligenz beschleunigen, wenn die Daten des Patienten in eine Software eingegeben werden können, die dann mit millionenfacher Erfahrung, die täglich mehr wird, viel treffsicherer die richtige Diagnose stellt. Mit der in der Hand kommt dann die Fähigkeit des Arztes für eine heilende Behandlung wieder ins Spiel. Er würde sogar entlastet.

Das klingt doch sehr verlockend und logisch. Aber dem stehen deutsche Gesetze und hypersensible Befindlichkeiten zum Datenschutz entgegen. Die Gesundheitsdaten unterliegen bei uns einem so hohen Schutz, dass wir diese Intelligenz leider nicht damit füttern können. Es geht hier nicht darum, dass die Krankheit einer bestimmten Person mit Name und Adresse zugeordnet werden kann, sondern darum, dass anonymisierte Daten an die künstliche Intelligenz zur Auswertung übergeben werden, damit schnellere und sicherere Diagnosen gestellt werden können. Wir bekommen eine wesentlich schlechtere Gesundheitsvorsorge als es möglich wäre, weil der Datenschutz einen höheren Stellenwert genießt, zumindest in der Politik und bei Datenschutzbeauftragten. Ich will deren Notwendigkeit nicht in Abrede stellen, aber wir sind weit über das Ziel hinausgeschossen, zum Schaden der Bürger. Die haben sowieso eine völlig andere Freigiebigkeit mit ihren Daten, die sie bereitwillig allen, die sie gierig aufsaugen, zur Verfügung stellen, um ein bisschen Leistung wie z.B. soziale Medien zu bekommen. Es gibt eine große Kluft zwischen dem, was die Politik in den Datenschutz hineinlegt und was in der Wirklichkeit der Menschen stattfindet. Es wird höchste Zeit, dass unser Gesundheitswesen -und damit wir- von dem extremen Datenschatz rund um unsere Krankheiten, Diagnosen und Behandlungsoptionen profitieren. Dazu muss die Politik völlig andere Weichen stellen.

Wichtig - Dringend

Für einen Politiker gibt es unglaublich viele Themen, mit denen er sich befassen muss. Da sind die Dinge, die ihm persönlich wichtig sind, dann die Probleme, die von der Opposition und den Medien aufgezeigt werden. Obendrein macht der Rest der Welt auch noch allen möglichen Blödsinn, mit dem er sich befassen muss. Wo führt das hin? Die Politik weiß gar nicht, welches Problem sie zuerst lösen soll. Wenn die Wahlen kommen, sind die Themen klarer: Mindestlohn, Klimawandel, Bildung, Digitalisierung waren 2021 die wichtigen Renner und Corona das dringende Problem. Das waren die wesentlichen Diskussionen, die das Land beschäftigten.

Schaue ich mir die Zeiten vor dem Wahlkampf an, dann sah es für mich öfter so aus, dass sich die Politik auf Nebenschauplätzen engagiert. Ich sage von vorne herein, dass darunter auch interessante Sachen fallen. Aber die Zeit der Spitzenpolitik ist begrenzt. Trotzdem scheinen wesentliche Zeiten mit C-Themen verbracht zu werden. Eine Politikern sagt auf die Frage, was sie als Kind werden wollte: Indianerhäuptling. Großer Aufschrei, das geht gar nicht. Selbst die Parteispitze befasste sich mit diesem Thema. Dieser Teil wird aus dem Video herausgeschnitten. Wir versuchen also zu bestimmen, welche Worte gesagt werden dürfen oder nicht. Haben wir eigentlich die Indianer dazu befragt? In meinen Augen betreibt die Politik hier in etlichen Fällen glatte Bevormundung einschließlich der Personengruppen, die sie meint, schützen zu müssen. Weiteres Beispiel ist das Wort Mohrenkopf, auch das soll

gar nicht gehen. Der Besitzer des gleichnamigen Restaurants in Kiel -
ein Farbiger- hat selbst als vermeintlicher Betroffener überhaupt kein
Problem mit dem Wort Mohr, der in seinen Augen und auch in denen
von manchen Historikern eine in unserer Vergangenheit hochge-
schätzte Person war. Deutsche Politiker wissen das natürlich besser
(oder fürchten sich vor einem Shitstorm, angezettelt von Minderheiten).

Die Spitzen der deutschen Politik befassen sich immer wieder mit
solchen C-Themen, während gleichzeitig die oben genannten
Probleme aus dem Wahlkampf vor sich hinzuschlummern scheinen.
Als Beispiel mag das Onlinezugangsgesetz gelten, in dem festgelegt
wurde, dass bis Ende 2022 in Bund und Ländern 575 Verwaltungsleistungen digitalisiert werden sollten. Es war 5 Jahre Zeit dafür. Das
momentane Ergebnis ist eher bedrückend, auch wenn auf offiziellen
Webseiten viel positives BlaBla darum gemacht wird. Auswertungen,
die ich gesehen habe, sahen nur das Bundesland Nordrhein-
Westfalen, das mehr als die Hälfte erledigt hatte. Aber die Hoffnung
stirbt zuletzt, denn noch ist das zuständige Innenministerium
zuversichtlich, dass das Ziel in der verbleibenden Zeit erreicht wird.
Wenn dann der Stichtag 1.12.22 da ist, höre ich schon das
Verschieben der Schuld auf die Vorgängerregierung, die Länder und
die Kommunen und in umgekehrte Richtungen, warum es nicht
geklappt hat. Ich als Bürger habe jedenfalls bisher kaum etwas von
einer Verbesserung des Onlinezugangs bei Behörden bemerkt.
Vergessen wurde leider auch das wichtige Ziel, dass es durch diese
Digitalisierung der Verwaltungsleistungen für den Bürger einfacher
werden muss. Es wäre die Gelegenheit gewesen, Dinge simpler zu
machen. Nur, dass ich es von zu Hause machen kann, reicht absolut
nicht. So wie unser Staat gestrickt ist, steht zu befürchten, dass es
zwar online wird, aber auch eine Seite mehr hat. Aber dafür können
wir ja später eine nicht erreichbare Hotline einrichten. Wir erinnern
uns: es ist schwierig etwas einfach zu machen. Und bitte nicht die 20
Millionen über 65-jährigen vergessen, die zu einem erheblichen Teil
mit online nichts am Hut haben.

Wer seine Zeit mit Indianerhäuptlingen etc. verbringt, muss sich nicht wundern, wenn die wesentlichen Themen unseres Landes nicht vorankommen. Die A-Themen gehören bei jedem verantwortlichen Politiker wöchentlich auf den Tisch, um rechtzeitig Probleme in der Umsetzung zu erkennen und Maßnahmen zu ergreifen, die den Erfolg sicherstellen. So würde es ein erfolgreicher Manager der deutschen Industrie machen.

Erste Prioritäten sind Chefsache! Und spätestens hier wird wieder klar, dass wir unsere Minister und verantwortlichen Politiker nach Qualifikation aussuchen sollten, denn die hier gerade geforderten Eigenschaften sind Fachwissen, strategisches und analytisches Denken, Zeitmanagement, Konzentration auf das Wesentliche, Kommunikation und Führungsqualitäten.

Bildung? - Kannst Du vergessen

Vor jeder Wahl versprechen alle Parteien, dass sie sich dringend um eine verbesserte Bildung bemühen wollen. Wie sieht das in Realität aus? Neue „progressive" Ideen werden dann über die Schulbehörden auf die Lehrer losgelassen. Halb durchdachte bzw. unausgegorene Sachen müssen dann an den Schulen sofort eingeführt werden. Leider fehlen dazu die ausgearbeiteten Details. Das heißt für die Lehrerschaft, zusätzlich zum eigentlichen Unterricht mit Vor- und Nachbereitung, Stunden mit der Definition und Umsetzung zu verbringen. Häufig bereits nach einem Jahr interessiert das Thema in Politik und Schulbehörden keine Seele mehr. Aber sie haben sich bereits etwas Neues ausgedacht, was jetzt wieder überstürzt losgetreten wird. Als besonders großes Projekt dieser Art mag das Gymnasium mit 12 Schuljahren gelten, was dann wieder eingestampft wurde. Davon gibt es dann im Kleinen noch viele andere Initiativen, bei denen die Lehrer in Bezug auf die Sinnhaftigkeit nur mit dem Kopf schütteln können wie z. B. das Kinder zuerst so Schreiben lernen, wie sie sprechen. Leider stellt man dann hinterher fest, dass diese Kinder das falsch Gelernte kaum noch in ihren Köpfen korrigiert bekommen. In meinen Augen werden hier Schulexperimente auf dem Rücken der Kinder gemacht, was fatal ist.

In der Wirtschaft sitzen an den entscheidenden Positionen Menschen, die sich mit dem Markt, den Produkten und den Finanzen Ihrer Firma auskennen. Sie haben jahrlange Erfahrungen dazu in den verschiedensten Aufgaben in der betreffenden Industrie gesammelt.

Selten gibt es einen Quereinsteiger, der einen führenden Posten bekommt. Wenn ich mich mit Lehrern unterhalte, dann würden die sich genau das auch von ihren Dienstherren wünschen. Ein Bildungsminister, der 10 Jahre als Lehrer gearbeitet hat, eine Schule geleitet hat, der sich auskennt. Ein Traum für Schulleiter, Lehrer, Eltern und Kinder, der bei uns kaum Wirklichkeit wird. Bei uns werden Fachfremde Bildungsminister, deren einzige fachliche Erfahrung darin besteht, dass sie selbst mal zur Schule gegangen sind. Ein Parteibuch befähigt leider überhaupt nicht, wenn es um Fachwissen geht.

Schule sieht manchmal so aus, als wenn wissenschaftliche Untersuchungen keinerlei Rolle spielen, sondern die Schulen die Versuchskaninchen für Neuerungen durch Politiker sind, die sich später als fatal herausstellen und wieder zurückgenommen werden. Wirtschaftsunternehmen, die entsprechend arbeiten, verschwinden meist wieder vom Markt. Schulen leiden darunter, ohne die Möglichkeit Schaden von vornherein zu verhindern oder rechtzeitig aussteigen zu können. Gesetze und Verordnungen hindern sie zeitweise massiv an einer erfolgreichen Arbeit. Schüler sind doch kein Spielball von nicht entsprechend ausgebildeten Politikern und damit nicht ihre Versuchskaninchen!

Was braucht es eigentlich zum erfolgreichen Lernen, was ist die Grundlage für die Zukunft des einzelnen Kindes und damit des ganzen Landes?

Schaue ich auf meine Schulzeit zurück, so hatte ich zum Glück einige sehr gute Voraussetzungen:

- Eine gut ausgestatte Schule in einem ansprechenden und gepflegten Gebäude
- 2 inspirierende Lehrer neben vielen normalen (und ein paar Ausfällen)
- Eine Klassenstärke von am Anfang 25 Kindern und am Ende 15 Jugendlichen
- Eltern, die die Initiative ergriffen haben, wenn bei mir oder der Schule etwas schief ging

- Ich konnte mich frei bewegen.

Gehen wir mal auf die einzelnen Punkte ein, denn dort, wo die Politik es beeinflussen kann, versagt sie regelmäßig bis zum nächsten Wahlkampf.

Die Ausstattung der Schule

Würde es um den Tierschutz gehen, dann wäre die Unterbringung in einem kaputten Gebäude mit beklagenswerten sanitären Einrichtungen wahrscheinlich ein Fall für heftige Proteste oder sogar juristischer Androhungen. Im Falle der Schulgebäude unserer Kinder passiert komischerweise nichts. Kinder brauchen Platz, sie müssen sich bewegen können. Leider ist in etlichen Schulen die Turnhalle gesperrt wegen baulicher Mängel. Sieht da jemand einen Zusammenhang mit den immer dickeren Kindern? Wenn Sport nicht wenigstens in der Schule gemacht wird, werden die Kinder zu Stubenhockern, die nur noch am PC, Handy oder Fernseher sitzen. Wo sollen sie Sport denn sonst lernen? Die baulichen Mängel in den Schulen führen auch dazu, dass Sauberkeit und der Wert der Dinge keine Rolle mehr spielen, denn das Kaputte wird vorgelebt, es ist für die Kinder die Norm. Ich habe mich schon als junger Mensch über den folgenden Ausdruck gefreut: *das Normative des Faktischen*. So wie es kaputt ist, wird es für diese jungen Menschen zur Norm. Von einer inspirierenden Umgebung wollen wir gar nicht erst reden.

Ausstattung ist aber nicht nur das Gebäude, sondern auch die Lehrmittel und damit meine ich nicht nur Bücher. Wir haben vor 50 Jahren im Physikunterricht aus einzelnen Schaltelementen (riesengroß) einen ersten kleinen Rechner gebaut. Die waren an meiner Schule vorhanden und wer dabei war, hat verstanden, wie ein Taschenrechner/Computer funktioniert, weil wir seine Logik selbst bauen konnten. Heute steht dort das große Alibi Digitalpakt, was in der Argumentation (Rechtfertigung, wir tun ja was) immer wieder hervorgeholt wird. Gut gemeint ist aber noch lange nicht gut gemacht. Wenn nach Jahren von den 5 Milliarden Euro nur wenige hundert Millionen abgerufen sind, dann haben absolut alle beteiligten Ebenen versagt: die Macher der Grundgesetzänderung, die Minister deren Beamte die Verordnungen einschließlich des Beantragungsprozesses zusammengeschrieben haben, das bereitstellende Finanzministerium, die Länderverantwortlichen und wohl auch die kommunalen Einheiten und Schulen, die das Geld nicht abgerufen bekommen. Aber den Letzten beißen bekanntlich die Hunde. Wenn alles so bürokratisch schwierig gemacht wird, ist es eigentlich nicht mehr verwunderlich, wenn diese Letzten dazu nicht genügend Zeit und verständlicherweise keine Lust haben. Dieses Phänomen der überbordenden Bürokratie, die den Fortschritt unserer Gesellschaft in vielen Bereichen lähmt, lässt sich sehr schön an diesem vermurksten Digitalpakt darstellen.

Die blinde Fokussierung auf die Digitalisierung und seine fast schon heilende Wirkung für die Schulen, hat der Politik scheinbar den Blick verengt. Denn es macht den Anschein, dass damit das Thema Schulpolitik „großzügig" erledigt ist. Wo sind die Lehrer und Ihre Weiterbildung, damit sie mit den neuen Werkzeugen auch umgehen können? Wo sind die Lernvideos, ohne die die Ausrüstung mit einem Tablett überhaupt keinen Sinn macht? Haben wir Angst vor solchen unterstützenden Filmen? Manchmal scheint es mir so. Aber sie wären eine große Unterstützung für Schüler und Lehrer. Sie würden helfen, den in der Schule behandelten oder in der Pandemie versäumten Stoff zu verstehen. Die leuchtenden Beispiele von einigen Schulen, wo die Digitalisierung prima klappt, sind meistens auf das privat angeeignete Wissen einer einzelnen Person zurückzuführen, die sich schon vor dem Pakt um ein digitales Konzept für die Schule gekümmert hat. Meist schult er seine Kollegen, steht bei Problemen zur Verfügung, wartet das System und bestellt die nötige Technik. Und weil er sich damit auskennt, kann er auch die Anforderungen der Bürokratie bei der Beantragung von Geldern einigermaßen erfüllen. Aber es wird bei der Präsentation von solchen Leuchttürmen immer vergessen, dass es sich um einen Einzelfall handelt und dass es auf Eigeninitiative beruht, die dieser

Wissensträger mit viel Engagement in seiner Freizeit macht. Dieser Lehrer hat einen Arbeitsvertrag zu unterrichten, was er auch noch tut. Ich bin mir sicher, mit der gleichen Leidenschaft.

Vorschlag: Wir kopieren diesen Leuchtturm, nachdem wir zumindest an jeder Schule einen solchen Fachmann entweder identifiziert oder platziert haben. Das muss nicht zwangsläufig ein Lehrer sein, denn sonst geht wieder Unterrichtskapazität verloren. Wir probieren in der Politik meist das Gegenteil. Wir starten ein Riesenprojekt, was über die ganze Republik oder das Bundesland mit seiner Kulturhoheit ausgerollt werden soll. Berater arbeiten sich jahrelang an einem Pflichtenheft ab, was bei Fertigstellung wegen des schnellen Fortschritts in der IT sowieso schon wieder überholt ist. Außerdem ist es gepflastert mit lauter „nice to have"-Wünschen der Politik, die meist in der Realität einen riesigen Bremsklotz darstellen. Warnende Beispiele: Wenn Politiker (nicht Fachleute) in Berlin einen Großflugplatz bauen oder die unter Gesundheit kurz erwähnte elektronische Patientenakte. Nehmen wir aber einen solchen Leuchtturm, dann ist es bereits Praxis erprobt, die Fehler und Probleme sind erkannt und abgestellt worden und umsonst ist das Konzept auch noch. Ich würde den Initiator dieser Digitalisierung bitten, ein Einführungskonzept für andere Schulen zu schreiben, denn er kennt die verschiedenen Schwierigkeiten, die die Schule unterwegs damit gehabt hat. Und genau diese Probleme und vielleicht noch ein paar andere werden auch an anderen Schulen auftreten. Parallel dazu muss für jede Schule ein IT-Fachmann gefunden werden, dessen Aufgabe dann die Umsetzung ist. Am Ende haben wir relativ schnell eine bundes-/landesweite Umsetzung, die den Schulen, Lehrern und Kindern hilft, ein besseres Werkzeug für die Bildung zu haben.

Klingt zu schön, um wahr zu sein? Ich habe es in meinem Arbeitsleben immer wieder ausprobiert und es hat funktioniert. Das Projekt wurde im Kleinen definiert und umgesetzt von den Fachleuten (das sind die, die hinterher damit arbeiten müssen, nicht die Theoretiker irgendwo in der Maschinerie). Eventuell wurde bei fehlender Expertise ein Fachmann temporär von außen dazu geholt. Dann haben wir es angewandt, unsere Fehler erkannt und ausgebügelt und schließlich haben wir ein fertiges System gehabt, das andere, mit Hilfe der Personen aus dem ersten Projekt, ausrollen konnten. Das Probieren hat noch einen entscheidenden Vorteil: im kleinen Rahmen ist das Risiko sehr begrenzt. Es gibt aber eine große Hürde beim Ausrollen in anderen Schulen, für die andere Schulämter und Landesregierungen zuständig sind. Der englische Ausdruck für das Problem dafür heißt: not invented here - das wurde aber nicht von uns erfunden. Das Ego und die demonstrative Eigenständigkeit mancher Organisationen erlaubt es ihnen nicht, etwas von woanders zu übernehmen (kann ja nichts taugen). Dazu brauchen wir uns nur die Eifersüchteleien in der Bildungspolitik zwischen dem Bund und den Ländern -oder diese sogar untereinander- in Deutschland anschauen. Manche Landesregierungen tun sich da besonders hervor, jeder Leser darf raten welche. Zumindest auf Landesebene sollte es aber hinzubekommen sein, alle vorher zu informieren und zu überzeugen, dass sie nach dem kleinen Projekt, das optimierte Ergebnis übernehmen. Wenn dann weitere gute Ideen im Laufe der Zeit von anderen hinzugefügt werden, können sie wieder ausgerollt werden. So hat man am Ende die Kreativität der ganzen Schulorganisation mit einbezogen und es kostet viel weniger Steuergeld. Obendrein hat es funktioniert und ging wesentlich schneller.

Inspirierende Lehrer

Ich habe da eine Theorie: Jeder braucht im Laufe seiner Schulzeit mindestens einen inspirierenden Lehrer. Dann wird es gut.

Ich hatte Glück, es waren zwei. Die folgenden Beispiele sollen verdeutlichen, was ich mit dieser Inspiration meinte. In der 8. Klasse bekamen wir einen neuen Deutschlehrer, jung und dynamisch. Während andere Klassen sich durch Effi Briest quälten (haben wir irgendwann auch) wurde in unserer Klasse z.B. ein Buch mit dem Titel gelesen: „Theorie und Praxis der antiautoritären Erziehung". Wir haben uns nicht nur mit für das Alter trockener Literatur beschäftigt, sondern mit einem Thema, was uns unmittelbar betraf. Wir waren mitten in der Pubertät! Wir waren unmittelbar Betroffene und konnten über das Für und Wider intensive Diskussionen führen. Ich glaube, dass dieser Lehrer uns dadurch vom Lernen auf die Stufe des Denkens gehoben hat. Wir wurden konstruktiv kritisch. Es gab übrigens keine Proteste unserer Eltern. Eigentlich ist die Schule als eine Lernfabrik ausgelegt. Uns wurde durch diesen Lehrer die nächste Stufe ermöglich: das eigenständige Denken. Zusätzlich hat er uns im Sportunterricht noch Basketball beigebracht. Wir wurden so gut, dass wir auf Landesebene der Schulen um den Titel gespielt haben. Als Krönung hat er uns gezeigt, wie wir einen eigenen Basket-ballverein gründen und organisieren, damit wir auch am normalen Punktspielbetrieb für Jugendliche teilnehmen konnten. Ein einge-tragener Verein geleitet von Jugendlichen, Schule fürs Leben.

Zweites Beispiel: Wir bekamen in der 11. Klasse einen neuen Mathelehrer. Bei seiner Beschreibung verfällt man nicht unbedingt in Euphorie. Er war bereits über das Pensionsalter hinaus, machte aber trotzdem weiter. Ein alter fast preußischer Beamter. Wenn die Schuluhr den achten Schlag tat, stand er in der Tür, keine Sekunde davor, keine danach. Er wartete auch nicht hinter der Tür, um diesen Effekt zu erzielen. Wir haben das kontrolliert. Er hatte einfach eine solche innere Uhr, dass er in jedem Klassenraum auf die Sekunde genau eintraf. Was hat er uns gegeben? Analytische Fähigkeiten ein Problem genau zu beschreiben und einen oder sogar mehrere Wege zur Lösung zu finden. Ein verengendes „alternativlos" existierte in seinem Wortschatz zum Glück nicht. Es gibt immer mehrere Wege, auch heute. Dazu gab er uns noch den Mut, es zu versuchen und immer offen für etwas Neues zu sein. Wie hat er das gemacht? Er schrieb ein mathematisches Problem an die Tafel, setzte auf einen freien Stuhl und sagte: Wer hat eine Idee? Anfangs waren wir sehr zurückhaltend. Aber er tat uns nicht den Gefallen, aufzustehen und an der Tafel die Lösung zu entwickeln. Erst, wenn mehrere von uns es versucht hatten, wir gemeinsam vielleicht einen Weg entwickelt hatten, ging er nach vorne und analysierte mit uns gemeinsam, was wir da getrieben hatten - manchmal den absoluten Blödsinn. Aber mit der Zeit haben wir gelernt, bestimmte Fehler nicht mehr zu machen, wir wurden mutiger und unser Verständnis wuchs. Kaum hatten wir ein Thema verstanden und hofften, wir bleiben noch etwas dabei, kam er verschmitzt lächelnd in die Klasse und sagte: Sei gut zu Dir, öfter mal was Neues. Das Tempo, was alle mitnahm, war so hoch, dass wir bereits Mitte der 12. Klasse den Lehrplan bis zum Ende der 13. hinter uns hatten. Er machte einfach weiter. Ich habe später Maschinenbau studiert und dazu gehörten vier Semester Mathematik. Ich bin nur in die erste Vorlesung gegangen, denn ich habe dort festgestellt, das hatte ich alles bereits in der Schule. Wir haben übrigens irgendwann herausgefunden, dass unser Mathelehrer eine der tragenden Säulen von „Jugend forscht" war.

Ich habe noch ein weiteres Beispiel aus dem Freundeskreis. Das Kind hat fast jede Schule in der Stadt besucht, auf keiner kam es klar. Unruhegeist, stört, ist nicht bei der Sache, stellt so komische Fragen, die den Unterricht behindern. Zum Glück kam dieses Kind bei seiner letzten Station - eine andere Schule hätte es kaum noch gegeben - an einen Lehrer, der etwas mit den Fragen dieses Kindes anfangen konnte. Es wurden Zusammenhänge im Lernstoff gesucht, die fast philosophischer Natur waren. Dieser Lehrer konnte so denken und damit die Neugier dieses Kindes stillen bzw. dafür sorgen, dass durch zusätzliche Gespräche plötzlich das Interesse an dem Lernstoff geweckt wurde. Wie sagt der Kölner: Es ist noch immer gut gegangen. Ohne diesen Lehrer hätte es auch furchtbar schiefgehen können.

Die Konsequenz aus diesen drei Beispielen ist für mich, dass die Ausbildung und Persönlichkeitsentwicklung von Lehrern noch viel mehr Augenmerk brauchen, damit es noch bessere Lehrer gibt und noch mehr inspirierende. Sie sind in einem kränkelnden System auch heute die Garanten, dass trotz der widrigen Umstände etwas Gutes aus unseren Kindern wird.

Von den Besten lernen ist ein Prinzip in der Wirtschaft. Der Chinese nennt es übersetzt: Klaue mit Stolz. So steht Finnland bei internationalen Vergleichen stets weit oben, während Deutschland sich ganz schön viel weiter unten wiederfindet. Finnland geht einen anderen Weg als Deutschland. Wie schaffen es die Finnen, mehr junge Menschen für den Beruf des Lehrers zu gewinnen? Warum geht es in deren Ausbildung weniger um Lernstoff, als darum Kinder fürs Lernen zu begeistern? Wieso schneiden finnische Schüler im PISA-Test immer sehr gut ab? Ja, durch die regelmäßigen Vergleiche sind deutsche Schüler ein paar Plätze im Ranking nach vorne gekommen. Aber ich habe nicht den Eindruck, dass wirklich erkenntnisreiche Vergleiche zwischen den Schulsystemen beider Länder von der deutschen Politik gemacht worden sind und dabei wesentliche Veränderungen bei uns herausgekommen sind. Sind wir zu stolz etwas Gutes von woanders zu übernehmen? Ist Politikern eigentlich bewusst, dass ein erfolgreiches Deutschland sich wegen fehlender Rohstoffe im eigenen Land nur über hoch qualifizierte Ausbildung dauerhaft wird halten können? Bewusst vielleicht. Nur gehandelt wird danach nicht. Ein Blick an heutige Schulen reicht. Schulleiter, Schüler und Eltern sollte man einmal ehrlich befragen und daraus Konsequenzen ziehen.

Ohne Masse keine Klasse

Das letzte Beispiel eines schwierigen Kindes zeigt, dass eine individuelle Betreuung von Kindern in der Schule extrem wichtig ist, sowohl für die guten aber insbesondere für die schwierigen Schüler. Wenn ich die Berichte lese, in denen die Zahlen der Schulabbrecher thematisiert werden, dann wird mir angst und bange. Laut Kinderschutzbund sind es jährlich gut 100.000 und die Zahl steigt stetig. Die Pandemie wird einen desaströsen Effekt auf diese Zahl haben, denn Homeschooling und Lernen im unruhigen Zuhause waren und bleiben für viele Kinder katastrophal. Sie kommen vielfach aus dem Armutsmilieu und damit sind Kita und Schule fast die einzigen Hoffnungsträger, die diese Kinder in einen besseren Lebensstart führen können. Sonst sind Arbeitslosigkeit, Krankheit und Perspektivlosigkeit vorprogrammiert. Warum Krankheit? Es sind die Menschen, die laut Altersstatistik eine viel niedrigere Lebenserwartung haben. Sie kommen nur selten während ihres Lebens zurück auf die Gewinnerstraße.

Hat ein Lehrer nur ein solches Kind in der Klasse, dann kommt auf dies zumindest eine erhöhte Aufmerksamkeit. Sind es zwei, haben die beiden Kinder und der Lehrer keine Chance. Obendrein fehlt den anderen Schülern dann die Aufmerksamkeit und ihre Bildung wird damit vernachlässigt. Es gibt fortschrittliche Konzepte, die spezielle Lehrer und individuelle Förderung hervorbringen. Aber letztlich scheitert es an der Menge der Lehrer. Es sind einfach zu wenige, schon ohne die problematischen Fälle. Bei meinen Enkelkindern - 5. bzw. 8. Schuljahr - liegt der Schnitt der Klassen bei über 30 Kindern. Damit ist eine individuelle Ansprache und Betreuung der Kinder in meinen Augen sowieso schon ausgeschlossen, ob mit oder ohne einen einzigen Problemfall. Obendrein fallen regelmäßig Stunden aus, denn auch Lehrer sind mal krank, müssen zur Fortbildung oder sind in Elternzeit. Oder es sind nicht alle Stellen besetzt. Allen Beteuerungen der Politik zum Trotz bzw. entgegen der Ver-sprechungen vor der Wahl, der Prozentsatz Lehrer zu Kind scheint sich nicht zu ändern, denn die Stunden-Ausfälle und Klassenstärken als das Maß der Dinge bewegen sich nicht in die gewünschte Richtung. Es ist sogar schwierig bis unmöglich (jedenfalls für mich), für die Jahre nach 2016 eine verbindliche Zahl für Klassengrößen und deren Entwicklung zu finden. Dafür finde ich Vorgaben der Kultusministerkonferenz (KMK), und die sind sehr geduldig. Wie heißt das Motto einer Fernsehsendung: Wo Politik auf Wirklichkeit trifft. Die Vorgaben der KMK scheinen mir reine Schau zu sein. Ein paar junge Eltern erzählen mir, dass sie im Freundeskreis Lehrer haben, die trotz aller Bemühungen keine Anstellung finden. Ich bin erstaunt, wir haben doch Lehrermangel. Meine Suche nach Zahlen, wie viele Lehrer ohne Anstellung es gibt, bleibt erfolglos. Bei der Bundesanstalt für Arbeit gemeldet sind es so um die 8000. Diese Zahl steigt mit Beginn der Sommerferien sprunghaft an. Lehrer mit Zeitverträgen stehen dann ohne Gehalt da und überbrücken die 6 Wochen mit Arbeitslosengeld. Dieselben Minister, die das zu

verantworten haben, sind in Parteien, die sehr kritische Be-
merkungen zu Zeitverträgen in der Industrie machen und dort
Missbrauch beklagen. Zum Beginn des neuen Schuljahres, werden
die Lehrer zweiter Klasse dann wieder eingestellt. Resultat: der Staat
leistet sich einen vierfachen Verwaltungsaufwand: Beendigung des
Zeitvertrages, Anlegen einer Arbeitslosenakte, schließen derselben,
neuer Zeitarbeitsvertrag und auf diese Weise werden eigentlich nur
Kosten hin- und hergeschoben. Das ist ein sehr schönes Beispiel für
unnütze Bürokratie. Ethisch ist das Ganze sehr fragwürdig, denn es
belastet natürlich die betroffenen Lehrer. Sie haben zwar Urlaub,
um sich zu erholen. Aber mit der Ungewissheit, wird die gewünschte
Erholung zum Stress. Bekomme ich einen neuen Vertrag und wo ist
der? Es kann diesen Lehrern passieren, dass sie in eine andere Stadt
müssen. Und wann erfahren sie das? Am Ende des „Erholungs-
urlaubs", wenn die Schule wieder beginnt. Das ist organisierte
Unsicherheit, die ich absolut unwürdig finde. Zurück zu den
Vorgaben der KMK. Sie werden nicht wirklich angestrebt, denn es
gibt ein paar tausend Lehrer, die keinen Job finden. Hat ein
angehender Lehrer sein Referendariat geschafft und ist fertig mit
Abschluss, kann er zum Teil viele Monate warten (bis zum
Schulanfang), bis er eine Anstellung findet. Daraus schließe ich, dass
gar kein Wille besteht, die Klassenstärken zu reduzieren. Wäre das
der Fall, würden arbeitslose Lehrer wie von einem Staubsauger
aufgenommen. Ich staune im Gegenteil, dass bei diesen vor-
programmierten Unsicherheiten noch Menschen Lehrer werden
wollen. Echte Attraktivität eines Arbeitgebers sieht anders aus. Und
ich finde es auch nicht verwunderlich, wenn bei den herunter-
gewirtschafteten Schulgebäuden und der mäßigen Ausstattung der
Schulen, junge Leute lieber eine andere Ausbildung anstreben als die
des Lehrers.

Ohne hier in eine Schlacht um Studien einzusteigen: der Effekt
Lernzuwachs bei einem Kind weniger pro Klasse ist erheblich und
steigt mit jeder weiteren Reduktion der Klassenstärke. Was haben
wir als Gesellschaft von dieser teuren Investition? Wir haben weniger
Sitzenbleiber, die mit einem zusätzlichen Jahr Geld kosten, weniger

Schulabbrecher, die wir mit teuren Programmen doch noch versuchen, zum Abschluss zu bringen, weniger Geringverdiener oder Langzeitarbeitslose, dafür aber mehr gut ausgebildete Facharbeiter, Handwerker, Lehrer, Ingenieure, etc. . Alles Profile, die wir dringend suchen, wir reden vom Facharbeitermangel, suchen diese im Ausland, denn die Alterspyramide arbeitet gegen uns. Und dann „verschenken" wir jedes Jahr 100.000 junge Leute, die keinen Abschluss haben? Obendrein wird die künstliche Intelligenz bereits in wenigen Jahren viele Jobs für Ungelernte und Gelernte hinwegfegen. Statt später als Arbeitsloser Kosten zu verursachen, zahlen diese Menschen Steuern, Sozial- und Rentenversicherung und noch wichtiger, sie können ein selbstbestimmtes hoffentlich zufriedenes Leben führen. Und diese Würde des Menschen steht ganz vorne in unserem Grundgesetz. Das gilt auch für unsere Kinder. Fazit: runter mit den Klassenstärken und rauf mit der Anzahl der gut ausgebildeten Lehrer.

Elternzeit

Ich bin Legastheniker, auch wenn es diesen Ausdruck zu meiner Grundschulzeit noch nicht gab (glaube ich zumindest). Ich habe das L-Wort eben prompt falsch geschrieben. Ich habe früher einzelne Silben oder ganze Wort gespiegelt (z.B. Blödnnis statt Blödsinn) und meine Rechtschreibung war ein Graus. Das Problem wurde erkannt, mit meinen Eltern besprochen und mir intensiv durch meine Mutter geholfen. Nach einem halben Jahr konnte ich einigermaßen fehlerfrei schreiben. Wir haben täglich daran gearbeitet.

Ich habe in der Grundschule manchmal andere Kinder verprügelt und mir wurden im Gespräch Grenzen aufgezeigt und es wurde bei mir Verständnis erzeugt.

Im Gymnasium (für das ich laut Grundschule völlig ungeeignet war, ich hatte aber die Aufnahmeprüfung prima bestanden) kam ich mit einem Lehrer nicht zurecht, ich fühlte mich wiederholt benachteiligt. Sonst war ich sehr gerne auf dieser Schule. Meine

Mutter hat ein ernstes Gespräch mit dem Lehrer geführt, dessen genauen Inhalt ich nicht kenne, und der Spuk war vorbei. In meinem Gefühl hatte meine Mutter sich schützend vor mich gestellt.

Schule ohne das Engagement der Eltern geht nicht, denn es geht immer etwas beim Kind oder in der Schule schief, wo es Hilfe braucht. Oder das Kind wird schon mit schwierigen Eingangsvoraussetzungen eingeschult. Für Kinder aus bildungsfernen Schichten müssen andere die Rolle der Eltern übernehmen und das beginnt schon im Kindergarten. Es muss für sie spezielle Betreuer und Lehrer geben, die sich auf die Seite des Kindes stellen und Dinge anpacken und regeln. Alleine werden nur wenige dieser Kinder es sonst schaffen.

Aber mit diesen Ausführungen ist nicht gemeint, was sich in Deutschland schwer durchgesetzt hat, die Verteidigung der missratenen Nachkommenschaft durch Anwälte. Es gibt sicherlich Fälle, wo das nötig ist, aber in den meisten Fällen gehören eher die Eltern auf die Anklagebank für den Mist, den ihre Kinder verzapft haben bzw. was sie selbst bei der Erziehung versäumt haben. Diese Klagewelle hat für mich zu einer Einschüchterung der Lehrer geführt. Unsere Kinder brauchen zwar faire, aber selbstbewusste Lehrer, die als Vorbild dienen können.

Tempo

Unsere Zeit ist gekennzeichnet durch die ständige fast schwindelerregende Veränderung. Und wie wir sehen können, macht das mehr und mehr Menschen Angst oder lässt sie verwirrt zurück. Menschen ziehen sich in ihren kleinen Kosmos zurück, verstehen die Veränderungen nicht mehr, weil sie zu wenig Zeit hatten, sich anzupassen oder sie wollen zurück in die gute alte Vergangenheit. Wenn ich mich in diese Menschen versuche hineinzuversetzen, dann sind alle diese Reaktionen verständlich. Ob sie für den Einzelnen und/oder die Gesellschaft gut sind, ist eine andere Frage.

Unsere Kinder von heute werden in 20-30 Jahren eine völlig andere Realität erleben als wir heute. Vielleicht geht es auch noch viel schneller. Ich fürchte, wenn unsere Kinder mit der gleichen Bildung aus der Schule kommen, wie ihre Vorgänger vor 20-30 Jahren, dann werden sie immer schlechter mit den Veränderungen und ihrer Geschwindigkeit umgehen können. Warum? Wir hatten in der Entwicklungsgeschichte der Menschheit Zeit, uns an die langsamen Veränderungen anzupassen. In der Natur läuft ein solcher Prozess über viele Generationen bis Jahrhunderte und Jahrtausende. Wir Menschen erzeugen aber heute eine superschnelle Veränderung und die Frage ist, wie können wir die heute Jungen und die noch kommenden Generationen darauf vorbereiten? Und das bringt uns wieder zum Thema Bildung. Vor 50 Jahren war es wichtig, Fakten zu lernen, Informationen aufzunehmen, um später daraus eine Grundlage für das eigene Urteilsvermögen zu machen. Wer mehr Schulstoff in sich aufnahm, der hatte eine bessere Ausgangsbasis. Heute aber stehen Informationen im Überfluss zur Verfügung. Wir müssen lernen, sie zu finden. Das haben die Kinder schneller drauf, als wir Erwachsene gucken können. Na, das ist doch super, damit können wir uns die Wissensvermittlung in der Schule sparen. Leider sind die Fakten, die wir so schnell finden, aber in mehrere Kategorien aufzuteilen: wahr, halb richtig, entscheidende Teile weglassen, richtige Fakten zu falschen Ergebnissen zusammengestrickt, bewusst falsche Informationen, usw..

Um die Veränderung zu beschreiben, die ich mir vorstelle für meine Enkelkinder und weitere Generationen, möchte ich an einem Beispiel aus meiner Familie verdeutlichen: Mein Sohn bekommt ein neues Schulfach, als wir nach einem 3-jährigen Auslandsaufenthalt nach Deutschland zurückkehren: Physik. Er holte den Stoff, den seine Klassenkameraden schon gelernt hatten, nach. Er lernt, auswendig, wie er heute sagt. Auf dieser nicht allzu sattelfesten Grundlage studiert er anschließend sogar erfolgreich Physik. 20 Jahre danach hilft er seinem Sohn bei einer Vorbereitung auf eine Klassenarbeit, logisch es geht um Physik. Seine Feststellung: Ich muss das damals nur auswendig Gelernte nun meinem Sohn erklären und das erfordert Verständnis. Ab und zu erwischt er sich dabei festzustellen: ach so ist das. Jetzt hat er auch den Zusammenhang verstanden, der ihm als Schüler verborgen geblieben ist.

Egal um welches Schulfach es geht, das Ziel darf nicht mehr sein, Wissen in sich hineinzustopfen, sondern die Zusammenhänge zu verstehen. Ich verweise dabei auf die Geschichten weiter oben über inspirierende Lehrer. Zusammenhänge zu verstehen, braucht mehr Zeit, Einbindung der Kinder statt Frontalunterricht und mehr praktische Übungen. In Klassenstärken von 30 und mehr Kindern (wie bei meinen Enkeln) wird das nicht zu leisten sein. Dass Feuer heiß ist, kannst Du 100 Male erzählen, erst wenn Du Dir die Finger verbrannt hast, kennst du die Gefahr. Kinder, die im Unterricht verstehen, können Fakten besser einordnen und fangen an selbstständig zu denken. Die heutige Informationsflut, die sicherlich noch grösser wird und die guten wie schlechten Möglichkeiten damit Politik zu machen, müssen auf einen denkenden Bürger treffen. So unbequem das für die Politik sein mag, denn sonst haben unsere Kinder keine Chance, die vielen Informationen gut zu gewichten. Um es kurz auszudrücken, sonst können sie Wahrheit und Fake News und alle Spielarten dazwischen schwerlich voneinander unterscheiden. Und das ist letztlich sogar eine massive Gefahr für unsere Demokratie.

Ich glaube, die meisten Lehrer würden einen solchen Unterricht bevorzugen. Denn denkende junge Menschen in der Schule hervorzubringen, macht viel mehr Freude und gibt Zufriedenheit. Unter den momentanen Bedingungen hat der Lehrer kaum eine Chance, das erfolgreich zu leisten.

Für die Politik würde es nicht einfacher, weil ihre Entscheidungen und Umsetzungen kritischer hinterfragt würden. Die Demokratie würde dadurch aber lebhafter und vielleicht würde das Parlament auch stärker durchmischt und nicht von wenigen Berufsbildern dominiert sein.

Freiheit und Kreativität

Die Wissenschaft erkennt immer mehr, dass Menschen, die sich frei bewegen können, eine höhere Kreativität haben. Damit ist nicht nur die Bewegung an sich gemeint, die zu besserer geistiger Fitness führt, sondern auch, dass der Mensch sich frei entscheiden kann, wie er sich bewegt. Für die eigentliche Bewegung war in meiner Schulzeit gesorgt: es gab eine gute Turnhalle und den entsprechenden Sportunterricht. Direkt daran angrenzend war ein großer Sportplatz, den wir auch nachmittags außerhalb der Schulzeit nutzen konnten. Wir sind zu Fuß zur Grundschule und mit dem Fahrrad zu entfernteren weiterführenden Schule gefahren und zwar auf der von uns selbst gewählten Route. Ich kann mich nicht erinnern, dass wir ein einziges Mal in all den Jahren mit dem Auto chauffiert wurden. Das klingt jetzt wie das Weinen nach der guten alten Zeit. Aber das Umfeld war garantiert nicht besser. Der Straßenverkehr war in jedem Falle gefährlicher als heute, das sagen ganz klar die Zahlen. Sicherheitstechnisch könnte mein damaliger Drahtesel auf gar keinen Fall mit einem heutigen Modell mithalten und einen Helm hatten wir auch nicht. Die Sicherheit der Kinder ist für mich eine bequeme Ausrede, wenn Eltern heute ihre Kinder zur Schule fahren. Zurück zur freien Bewegung: Heute ist vielen Kindern durch ramponierte bzw. gesperrte Sportstätten und durch das komische Sicherheitsbedürfnis ihrer Eltern die Möglichkeit zur Bewegung genommen. Und die damit verbundene Entscheidungsfreiheit des Kindes ist auch weg. Es lernt nicht, sich sicher im Straßenverkehr und unserer Umwelt zu bewegen. Wer hat sich -zumindest bei uns früher- verletzt? Es waren die Kinder, die in Sorge um ihre Sicherheit auf keinen Baum klettern durften. Wir freien Kinder (das ging durch alle sozialen Schichten), wir haben unsere Wege selbst gewählt und das -natürlich immer in einem altersgerechten Rahmen- hat viele von uns zu kreativen Menschen gemacht. Warum ist das so wichtig? Die Kinder und Jugendlichen von heute sehen sich einer Veränderung der Welt insbesondere auf der Arbeitsebene ausgesetzt, die Ältere kaum kennen. Um diesen ständigen Wechseln erfolgreich zu begegnen, braucht es heute und in Zukunft eine immer weiter wachsende Fähigkeit, mit sich verändernden Bedingungen umzugehen. Ein Beispiel ist die Arbeitswelt, denn niemand kann darauf hoffen, dass er sein ganzes Leben in der gleichen Firma verbringt. Es wird sogar so weit gehen, dass der Mensch in Zukunft bereit sein muss, immer neue Berufe in einem einzigen Leben zu erlernen. Viele Tätigkeitsfelder werden verschwinden und neue auftauchen. Da wird es ständige Bereitschaft zu Veränderung geben müssen, sonst fallen diese Personen aus der Arbeitswelt raus. Und dafür ist eine der wichtigsten Eigenschaften die Kreativität: Was kann ich, was könnte/möchte ich als nächstes werden und wie komme ich da hin?

Aus politischer Sicht gibt es noch einen anderen Beweggrund, warum wir kreative Menschen brauchen. Wovon lebt eigentlich unsere Gesellschaft? Von den vielen wegweisenden Erfindungen der Vergangenheit. Diese haben sich in Produkte umgewandelt, die auf der ganzen Welt begehrt sind und die bei uns in hoher Qualität hergestellt werden. Nur so ist unser Wohlstand zu erklären. Da die Welt sich immer schneller ändert, werden manche dieser Produkte nicht mehr verkauft werden und damit fällt unsere Produktion. Es braucht also neue Produkte, die erfunden und umgesetzt werden müssen. Das wird nur mit mehr kreativen Menschen gehen. Erfindungen braucht es an jeder Stelle, selbst bei dem Prozess wie eine simple Schraube hergestellt wird. Wer da produktiver ist, gewinnt. Oder wie unsere Bürokratie vereinfacht werden kann. Je mehr Kreativität jeder Einzelne hervorbringen kann, umso besser wird es uns allen gehen. Der entscheidende Grundstein dazu wird im Elternhaus gelegt sowie in der Kita und in der Schule ausgeweitet.

Freiheit der Mädchen?!

Liegt in dieser Freiheit der Bewegung ein Grund, warum wir so wenige Frauen in verantwortungsvollen Positionen in unserer Gesellschaft sehen? Sicherlich nicht alleine, aber bei Mädchen ist das Sicherheitsbedürfnis der Eltern noch erheblich grösser als bei Jungs.

Mädchen durften zu meiner Jugend nicht auf Bäume klettern. Bis sie sich alleine in der Öffentlichkeit bewegen dürfen, vergeht auch heutzutage viel Zeit, wie ich so in meinem Umfeld beobachten kann. Jungs sind da viel früher unbegleitet unterwegs und gehen ihrer Wege.

Wie hätte ich das gerne für meine Enkelin? Sie soll genauso auf hohe Bäume klettern, wie ihr Bruder und auch frei ihrer Wege gehen können. Sie lernt sich zu verteidigen, denn natürlich ist unsere Welt nicht überall nett. Sie soll Mutproben überstehen, ohne sich zu überfordern, dafür sorgen der Vater und der ältere Bruder. Dazu sollte es in Kita und Grundschule ein ausgeglichenes Verhältnis der Geschlechter auch bei den Erziehern und Lehrern geben, was heute überhaupt nicht der Fall ist. Mädchen von heute sollten Dinge tun, von denen es früher hieß: Das macht ein Mädchen nicht. Alles damit sie zu einer selbstbewussten jungen Frau heranwächst, die sich im entscheidenden Moment etwas zutraut und voller Selbstvertrauen das in ihrem Leben macht, was ihre Leidenschaft ist und nicht, was andere von ihr erwarten. Genau dieses geht in meinen Augen schon wieder nach hinten los. Statt der Frau am heimischen Herd muss es heute die Karrierefrau mit drei Kindern sein, die alles perfekt managt. Ich glaube, dass das gar nicht zu leisten ist. Damit sitzen die Frauen schon wieder in einer diesmal von anderen Frauen gemachten Falle. Das schlechte Gewissen ist da schon vor-programmiert. Selbstbestimmung heißt, das tun zu können, was man selbst möchte und nicht, was andere für einen definiert haben. Dazu kommt, dass sie ihre Stimme gleichberechtigt in die Waagschale der Diskussionen und Entscheidungen werfen kann und können muss. Als Motto wandele ich einen Buchtitel etwas ab: Gute Mädchen kommen in den Himmel, die anderen überall hin.

Ich habe in meinem Berufsleben die Erfahrung gemacht, dass Frauen sich weniger zutrauen als Männer. Das kann ich an einem fiktiven Beispiel erläutern. Ich habe in einem Raum 10 Männer und in einem anderen 10 Frauen, die alle nach meiner Auffassung geeignet sind, eine Stelle als Führungskraft zu übernehmen. Die Qualifikation, die Erfahrung und auch die Persönlichkeit stimmen, aber keine bzw.

keiner war bisher Führungskraft. Wenn ich nun die Frage stelle, wer traut sich diese klar beschriebene Aufgabe zu, dann melden sich 8-9 Männer, vielleicht sogar alle 10. Im Raum mit den Frauen sind es 2-3, mehr nicht. Sind es jüngere Frauen, so werden sich bis zu 6 melden (das zeigt zumindest eine positive Entwicklung). Ist es bei einigen Männern Selbstüberschätzung oder machen sich einige Frauen unnötig klein? Entscheidend für mich ist, dass es sich weniger Frauen überhaupt zutrauen. Wenn unsere Gesellschaft also mehr Frauen in verantwortliche Positionen bekommen will (und in meinen Augen sollte und muss), dann müssen wir bei kleinen Mädchen anfangen, dass sie anders groß werden: selbstbewusst mit guter Selbsteinschätzung und dem Mut auch mal ins kalte Wasser zu springen. Denn genau das haben Führungspersönlichkeiten egal welchen Geschlechts immer wieder im Laufe ihres Lebens gemacht, etwas versucht, was sie vorher noch nicht konnten. Hineingeworfen in eine Aufgabe, die erst einmal neu und fremd war. Und dann muss es obere Führungskräfte geben, die den Mut haben, ihnen diese Verantwortung anzuvertrauen. Und da sind insbesondere wir Männer gefordert, dass die gläserne Decke für Frauen in Beruf und Gesellschaft endlich zerbrochen wird. Ein paar Risse darin reichen bei weitem nicht aus.

Und an dieser Stelle ein Wort oder mehrere zu dem Thema Quoten und damit meine ich nicht nur in der Politik. Als die ersten Rufe nach Quoten kamen, war ich klar dagegen. Inzwischen bin ich hin- und hergerissen. Eine vorgegebene Anzahl von Plätzen -ob als Abgeordnete, Minister oder Vorstände in Unternehmen- für eine bestimmte Gruppe zu reservieren, kann Sinn machen, wenn dadurch „Leuchttürme" geschaffen werden. Was meine ich damit? Indem z.B. Mädchen mit Vorbildern groß werden, denen sie nacheifern können und wollen, braucht es in allen Bereichen Frauen in obersten Führungspositionen. Eine Kanzlerin Merkel wurde zur Selbst- verständlichkeit. In der Wirtschaft gibt es sehr wenige Frauen in den Spitzenpositionen, an denen sich junge Frauen orientieren können. Damit es für die Qualifizierten selbstverständlich wird, eine solche Position anzustreben und sie sich zuzutrauen, braucht es diese

Vorbilder. Insofern kann eine Quote helfen. Aber andererseits hat sie auch einen schlechten Effekt. Um Quoten zu erfüllen, werden erkennbar Frauen in Positionen gehievt, die für diese Aufgaben offenkundig nicht geeignet sind. Das aktuelle Bundeskabinett hat dort leider mehr als ein Beispiel parat. Auch in der Industrie habe ich manchmal den Eindruck, dass neue Vorstandsresorts geschaffen werden, um endlich die Quote zu erfüllen. Diese Positionen hätte es auf der obersten Ebene ohne die Quote gar nicht gegeben, vielleicht nur ein oder zwei Ebenen darunter. Diese Fälle in der Politik und der Wirtschaft haben den gegenteiligen Effekt. Sie wirken im Zweifelsfalle abstoßend. Obendrein sind sie für die Männer an der Spitze nur willige Befehlsempfänger, denn die Frauen sind nicht durch ihre Leistung und Durchsetzungskraft dahingekommen. Damit haben sie nicht das Gewicht, nicht die Stimme, die sie in diesen Positionen brauchen(Böse Zungen könnten behauten, genau deshalb wurden sie ausgesucht, denn sie lassen sich leichter steuern). Wenn diese Quotenfrauen dann dazu führen, dass die anderen leistungs- und durchsetzungsstarken Frauen auch in den Verdacht der Quote kommen, dann geht der Schuss sogar komplett nach hinten los. Politik, Wirtschaft und Gesellschaft müssen sich enorm davor hüten, wegen der Quote zweitklassige Personen in erstklassige Positionen zu bringen. Die Quote sollte erst dann ins Spiel kommen, wenn es mehrere geeignete Kandidaten für eine solche Position gibt und eine Frau dabei ist. Damit würde die Quote aber erst mit 2. Priorität zum Entscheidungskriterium. Die Eignung muss die klare Nummer 1 sein.

Finanz- und Wirtschaftsbildung

Würden die Behörden auf die Befragung von Schülern hören, dann gäbe es in Deutschland schon lange Unterrichtsstoff zu dem Thema Wirtschaft und Finanzen. Kaum sind die Kinder erwachsen, stellen sie fest, dass sie keine Ahnung von simplen Dingen wie Mieten einer Wohnung, dem Funktionieren einer Firma oder dem Managen der eigenen Finanzen haben. Die simpelsten Voraus-

setzungen fehlen. Erstaunlich, dass es trotzdem sogar ein paar 16-
bis 18-jährige schaffen, ein Start-Up zu gründen. Mit einem soliden
Wirtschaftswissen würden z.B. viel mehr Menschen einen Schritt in
das Unternehmertum wagen und das Risiko auch meistern. Wahrscheinlich wäre der Schritt auch positiv besetzt, statt der immer
wieder geäußerten Meinung über die „bösen Unternehmen".
Versteht man die Wirtschaft, weiß der junge Mensch auch, dass es
ohne Leistung keinen Gewinn gibt.

Fazit

Alle Parteien haben ausnahmslos die Bildung unserer Kinder
vernachlässigt, auch wenn sie uns beredet erklären werden, was sie
alles gemacht haben. Die Fakten sprechen ein klare Sprache:
heruntergekommene Gebäude, zu große Klassen und 100.000
Schulabbrecher pro Jahr. Obendrein werden die Noten der Schul-
abgänger immer besser, aber die Ausbildungsbetriebe raufen sich die
Haare über das mangelnde Wissen der Schüler mit Abschluss. Dort
muss erst einmal das ergänzt werden, was in der Schule versäumt
wurde. Das gleiche gilt für Universitäten, die den jungen
Erwachsenen Vorbereitungskurse anbieten müssen, damit sie den
Vorlesungen folgen können. Auch wenn das nach guter alter Zeit
klingt, vor Jahrzehnten war ein Abitur mit einer 1 vor dem Komma
die absolute Ausnahme. Heute sehen wir eine Inflation dieser
Durchschnittsnote. Eine Begründung wäre, dass wir früher
wahrscheinlich dümmer waren. Wieso haben wir dann keine
Vorbereitungskurse gebraucht? Diese Inflation der Noten verwässert
unsere Bildung, verniedlicht den Leistungsgedanken und fällt allen
Beteiligten und der gesamten Gesellschaft wieder auf die Füße,
wenn die jungen Menschen die Schule verlassen haben. Wir leben in
einem der reichsten Länder dieser Welt, aber wir haben nicht die
Mittel bzw. die Wege für die beste Bildung unserer Kinder zu sorgen,
ein Armutszeugnis für alle beteiligten Politiker und Beamten. Ich
nehme hier die immer wieder gescholtenen Lehrer aus, denn sie

versuchen, aus dieser katastrophalen Umgebung das Beste zu machen, danke. Wir haben riesige Etats für Soziales. Damit versuchen wir hinterher, das vorher Versäumte zu heilen. Es ist die Verwaltung des Mangels, aber wir schaffen es nicht, die Ursache des Problems zu beseitigen. Warum nicht? Nur eine Vermutung: Kinder sind noch keine Wähler und bis das soweit ist, sind andere an der Macht. Es bringt Politikern keine Stimmen für die nächste Wahl. Das Rettungsprogramm für den arbeitslosen Schulabbrecher ohne Ausbildung aber schon. Er wäre vermeidbar, aber natürlich muss ihm geholfen werden.

Wir brauchen eine massive Änderung von Finanzmitteln in die Kitas und Schulen, um kurzfristig die Schulen zu sanieren und mittel-fristig mehr und besser ausgebildete Lehrer zu bekommen. Nicht zu vergessen sind unsere Universitäten, denn Forschung und Lehre bilden eine weitere Grundlage unseres Erfolges. Eine besondere Förderung brauchen die sogenannten MINT-Fächer, denn von den technischen Hochschulen/Universitäten kommen viele der kreativen Kräfte, die mit Erfindungen und Unternehmensgründungen den Wohlstand der Zukunft als auch die Aussicht auf eine erfolgreiche Bekämpfung des Klimawandels sicherstellen. Der Lohn einer solchen Politik wird aber jemand anderes einstreichen, eine Regierung die in 15-20 Jahren an die Macht kommt. Wir Bürger müssen bei den Wahlen mehr die langfristigen Maßnahmen von Politikern be-rücksichtigen, sonst werden sie sich nicht darum kümmern.

Einfach - Schwierig

Es ist einfach, etwas schwierig zu machen. Es ist schwierig, etwas einfach zu machen.

In meiner Arbeit als Manager war das der mir liebste Spruch. Er gilt in der Wirtschaft, in der Verwaltung und der Politik. Sollte er nicht ein Zitat von jemand anderen sein, dann reklamiere ich diese „Weisheit" für mich. Ich muss ja höllisch aufpassen, dass ich hier nicht zitiere und vergesse die Quelle anzugeben. Beispiel: Will ich meine Steuerklärung machen, dann fülle ich meinen Namen und Steuernummer, ich weiß nicht wie oft, in alle relevanten Formulare ein. Immer und immer wieder. Ich höre den Einwand, ich könnte ja Elster benutzen. Kann ich, funktioniert nur leider in meinem Steuerfall nicht, wie mir mein Steuerberater bestätigt hat. Und jedes Jahr sieht das Formular ein bisschen anders aus. Meist muss noch eine zusätzliche Zeile ausgefüllt werden. Gibst Du mir Recht? Es ist schwierig. Das System ist über die Jahre gewachsen, immer mehr, immer grösser. Unsere Beamten haben im „Sinne der Gerechtigkeit" und ihres Wissensdurstes immer mehr hinzugefügt. Formulare und Abfragen einzuführen war einfach. Etwas Wegzulassen, traut sich keiner.

Wie wäre es mal mit einer Prozessoptimierung? Das ist, wie der Titel oben sagt, nicht ganz einfach, wie ich selbst aus dem Berufsleben weiß. Firmen und Organisationen, die das beherrschen und regelmäßig anwenden, gehören meist zu den erfolgreichsten in Ihrem Bereich. Sie sind schlanker, schneller und haben deshalb zufriedenere Kunden. Finanzämter und Kunden? Ja, für mich ist das Finanzamt ein Dienstleister für den Bürger, denn von ihm werden sie bezahlt und arbeiten für ihn. Ich fürchte, das sehen einige Finanzämter nicht so und deshalb scheint es ihnen ziemlich egal, was für einen „unnötigen" Aufwand wir Bürger mit ihrem schwierigen Ablauf und Regelwerk haben. Der normale Bürger steigt durch unser Steuersystem nicht mehr durch. Er kann eigentlich nur eine nicht wahrheitsgemäße Steuererklärung abgeben, denn um die einzelnen Fragen richtig zu beantworten, muss er die Steuergesetzte ganz genau kennen (das tun nicht mal Finanzbeamte). Wir machen uns im Zweifelsfalle jedes Mal strafbar, ohne es zu wissen. Manchmal verstehe ich nicht einmal die Frage. Es müsste der Politik zu denken geben, dass Steuerberater und Lohnsteuerhilfe-Vereine Hochkonjunktur haben. Wieso bloß? Nächste wilde Herausforderung für die Bürger wird die Steuerklärung für die neue Grundsteuer sein, die in jedem Bundesland anders gemacht wird. Seid ihr wahnsinnig?

Hauptsache gerecht, mit diesem Argument kann man fast alles totschlagen. Eure Bürokratie stiehlt uns Bürgern unnötigerweise Lebenszeit. Oder sie macht Dinge völlig unverständlich und damit wird etwas Notwendiges sinnlos. Ich habe manche Verordnungen der Gesundheitsbehörden zu den Regeln während der Pandemie mehrfach lesen müssen. Manchmal habe ich sie trotzdem nicht verstanden. Wie sollen ich und die anderen Bürger sie dann befolgen? Oder die Organisation zur Verteilung von Masken durch Drucken von Gutscheinen, Fahren zur Apotheke und Einlösen, Abrechnung der Apotheke an den Staat für die ausgegebenen Masken, Prüfung und Anweisung der Rechnungen. Volkswirtschaftlich ist der Vorgang superteuer, da wäre eine simple Verteilung wie ein Reklameflyer über die Post an alle Haushalte wahrscheinlich erheblich einfacher und billiger gewesen. Aber vielleicht hätte dann eine Person ungerechtfertigter Weise eine Maske zu viel bekommen. Der GAU für gerechtigkeitsfanatische Politiker und Behörden.

Aber das sollten nur ein paar Beispiele sein, für die überbordende und erstickende Bürokratie, die wir in Deutschland aufgetürmt haben und immer weiter erhöhen. Das erschwert uns Bürgern und den Unternehmen zu leben und zu arbeiten. Als Norddeutscher lautet meine Frage: Tut das not? Meine klare Antwort lautet: Nein! Besitzt die Politik und die Bürokratie das Wissen, Prozesse zu optimieren oder völlig neu zu gestalten? Ich fürchte nicht. Den Willen möchte ich einigen nicht absprechen, aber ich sehe keine Verbesserungen. Wo sind sonst die Erleichterungen? Unternehmen würden sagen, das Gegenteil ist der Fall, es wird immer schlimmer. Ist es einfach, das zu ändern? Nein, das ist unglaublich schwer und erfordert eine eiserne Konsequenz von ganz oben und den Mut, sich die Expertise zu holen. Ich bin kein Freund von Unternehmensberatern und habe sie gemieden, wo ich konnte. Aber wenn ich eine notwendige Kompetenz nicht selber hatte und auch keiner meiner Mitarbeiter, dann habe ich versucht, eine Person mit diesem Wissen einzustellen. Oder wenn es gar nicht anders ging, wurde für eine begrenzte Zeit ein spezialisierter Berater gesucht. Berater gibt es in der Politik reichlich, aber es sind wohl oft nicht die richtigen, denn ich sehe kaum Ergebnisse. Oder sie dringen mit ihren Vorschlägen bei den verantwortlichen Politikern nicht durch. Sind sie nur dazu da, dass die Politik hinterher auf sie zeigen kann: Das haben die uns vorgeschlagen! Verantwortung lässt sich nicht an einen Berater delegieren. Und wozu ist Politik und Bürokratie da? Für uns Bürger, nicht umgekehrt und auf keinen Fall für sich selbst. Solange wir die Verbesserungen nicht sehen, gibt es wohl keine.

Wie wäre es mit einem radikalen Vorschlag? Nach meinem Eindruck wird die Anzahl der Abteilungen und Mitarbeiter in den Bundesministerien und der Verwaltung immer grösser. Jede Krise und neue Bundesregierung wurde für neue Personaleinstellungen und den Aufbau von Abteilungen genutzt. Je mehr Beamte wir haben, umso mehr Vorschriften können sie erarbeiten. Damit werden die Prozesse für uns Bürger, für Vereine und Unternehmen immer schwieriger und aufwendiger. Selbst für die Staatsbediensteten wird es mehr Aufwand, denn Richtlinien, Verordnungen und Gesetze müssen an neue Situationen angepasst und verwaltet werden. Und dann muss noch einer für die Einhaltung sorgen. Wenn die nicht klappt, müssen wir mehr Mitarbeiter in der Justiz haben, um die Verfehlungen anzuklagen. Ein Rattenschwanz, der wohl nur durchbrochen werden kann, wenn bei der Effizienz und damit der Anzahl der Staatsbediensteten angefangen wird. Ein erster Schritt wäre ein Moratorium, dass der regulierende Staatsapparat (nur den meine ich) nicht mehr wächst. Polizei und Lehrer wurden zu bestimmten Zeiten ohne mit der Wimper zu zucken reduziert. Und dann könnte noch das Aldi-Prinzip angewandt werden: Kommt eine neue Verordnung, muss eine andere gestrichen werden. Früher durfte Aldi nur 600 Artikel im Sortiment haben (hat sich geändert). Wollte jemand eine neue Rolle Kekse ins Programm nehmen, mussten z.B. Zahnbürsten aus dem Programm genommen werden. Mehr als 600 waren nicht erlaubt. Dass es die Politiker nicht so mit der eigenen Beschränkung haben, kann man an den Bemühungen erkennen, den Bundestag wieder auf die festgelegte Größe zu reduzieren. Je mehr Abgeordnete, umso mehr Mitarbeiter und die Kosten gehen auch durch die Decke. Aber keine Partei möchte weniger Abgeordnete haben. Wohin sonst mit all den verdienten Parteimitgliedern? Im Zweifelsfalle, liebe Politik, sind die nach der nächsten Wahl sowieso weg, weil die Bürger Euch wegen Tatenlosigkeit abgestraft haben.

Jedes neue Gesetz hat Folgen: Es erzeugt Bürokratie, die wiederum braucht Mitarbeiter und schon nimmt die Regelungswut, die Komplexität und damit Zeit und Kosten ihren Lauf. So wie die neue deutsche Regierung jedes neue Gesetz auf seine Wirkung in Hinblick auf den Klimawandel untersuchen will, muss das auch in Bezug auf seine Bürokratie erfolgen. In der EU gab es mit dem früheren bayrischen Ministerpräsidenten Edmund Stoiber das Projekt, die europäischen Regeln zu entschlacken. Er hat mit seinem Team 7 harte Jahre gekämpft und einiges abgeschafft bzw. verbessert. Damit sind in Unternehmen weniger Arbeitsstunden für diese Bürokratie angefallen, was sich in vielen Milliarden Euro Einsparungen ausgedrückt hat. Wir sehen, es geht. Aber an den 7 Jahren sehen wir, welche harte und hartnäckige Arbeit das gewesen sein muss. Sind dabei alle unnötigen Regelungen abgebaut worden oder war das nur die Spitze des Eisberges, die sogenannten niedrighängenden Früchte mit großer Wirkung? Wo ist das Team für Deutschland, welches dauerhaft installiert wird? Es ist eine Investition, die auch dem Staat viel Geld sparen kann und das sucht doch jeder Finanzminister, um das zusätzliche Geld für die hochfliegenden politischen Projekte einer Legislaturperiode zusammen zu sammeln. Oder vielleicht doch, um es über niedrigere Steuern an den Bürger zurückzugeben? War nur so ein Gedanke.

Die Bürokratie muss von zwei Seiten in die Zange genommen werden: Vermeidung von neuen fragwürdigen Regelungen, bzw. diese haben so knapp wie möglich zu sein und den kontinuierlichen Abbau alter zum Teil längst überholter Bürokratie. Und wenn ich nun den ein oder anderen Mahner höre: Der Bürger muss aber geschützt werden. Ich glaube, dass wir von der Gefahr der zu geringen Bürokratie sehr weit entfernt sind. Sollte es eines Tages doch soweit sein, wäre es ein Festtag, denn der ganze alte Unsinn wurde eliminiert. Ich hoffe, ich darf dieses noch erleben. Aber haltet Euch ran, ich bin nicht mehr der Jüngste.

Älter werden ist nicht schwer

Älter sein dagegen sehr?

Der deutsche Arbeitsminister Heil hat mir imponiert, wie er hartnäckig und konsequent die Bekämpfung der Altersarmut verfolgt hat und nach vielem Hin und Her die Grundrente auf den Weg gebracht hat. Mir kommt es vor, als wenn mehr als ein Jahrzehnt von allen möglichen Seiten gefordert wurde: Wir müssen die Altersarmut bekämpfen. Immer wenn dann das Thema endlich dran war, war leider schon alles Geld für andere Dinge ausgegeben worden: Mütterrente, Rente im Alter von 63 nach 45 Beitragsjahren. Davon mögen auch ein paar der von geringen Renten Betroffene eine Aufbesserung ihrer Rente gehabt haben. Aber die Grundrente hätte zuerst gemacht werden müssen, damit alle Menschen im Alter ein gutes Leben führen können. Sie haben es verdient. Ich hoffe, dass es sich für die Betroffenen als bürokratisch einfach herausstellt, diese Grundrente zu beantragen und der Arbeitsminister die Ziele erreicht, die er sich gesteckt hatte.

Im Kapitel Steuergerechtigkeit wurde ein Beispiel gezeigt, wie ein alleinerziehender Elternteil trotz eines Vollzeitjobs jeden Monat finanziell zu kämpfen hat. Da darf nichts kaputt gehen. Dieselbe Personengruppe bekommt dann später auch die kleine Rente. Der Gürtel muss dann noch enger geschnallt werden bzw. er zerreißt.

Eigentlich hätte die Riesterrente ein zusätzlicher Baustein im Rentengebäude sein sollen. Leider war sie nicht zukunftssicher aufgesetzt und nur ein gutes Geschäft für Versicherungsunternehmen, aber nicht für die Versicherten. Der ehemalige Arbeitsminister Riester konnte zumindest nicht ahnen, dass die Finanzkrise und die enorme Verschuldung einiger Staaten die Zinsen langanhaltend auf null oder sogar darunter zwingen würde. Leider will der Staat bei solchen Versuchen zum privaten Vermögensaufbau immer genau vorgeben, wie genau das Geld anzulegen ist. Seit wann sind Politik und Beamte in den Ministerien die besseren Vermögensverwalter? Es gibt in anderen Staaten einige gute Systeme, die wir nur kopieren bräuchten. Vielleicht noch etwas verbessert, denn nur abkupfern macht ja keinen Spaß (geht aber viel schneller). Meist gibt es in diesen Ländern neben der staatlichen Rente noch Systeme in den Betrieben und als dritte Säule eine private Schiene. In den Betrieben läuft es oft auf eine Lösung hinaus, dass im Hintergrund eine Versicherung das Ganze managt und garantiert. Die Unternehmen machen die Einzahlungen und sind aus der Verantwortung raus (wenn sie schlau sind). Wir haben in einer Firma einmal einen Grundbetrag zur betrieblichen Altersversorgung gemacht, der für jeden unabhängig vom Lohn/Gehalt gleich war, ob Hilfskraft oder Abteilungsleiter. Die Einzahlung gab es jedes Jahr in den Gruppen-Versicherungsvertrag, den das Unternehmen abgeschlossen hatte. Obendrein gab es noch einen Zuschlag, der abhängig von der Umsatzrendite des Unternehmens war. Alle wussten, wenn es gut läuft, bekomme ich am Ende eine höhere Betriebsrente. Das schien eine gute Motivation gewesen zu sein, denn schon 2 Jahre später wurde der Maximalbetrag für jeden erreicht und das blieb auch so. Dieses oberste Renditeziel war selbst von Optimisten für fast unerreichbar angesehen worden. Da der Kampf um Fachkräfte im vollen Gange ist, ist eine solche Betriebsrente ein hervorragendes Argument, die guten Mitarbeiter für sich zu gewinnen.

Die private Vorsorge

Bei der privaten Säule begebe ich mich gerne aufs Glatteis. Leider haben uns Deutsche diverse geschichtliche Ereignisse zu Hasenfüßen bei der Geldanlage gemacht (Hohe Inflation der Jahre nach dem 1. Weltkrieg 1919-1923 und die Hyperinflation 1927). Zunächst sollte der Staat einen Rahmen fassen, in dem der Bürger steuerbegünstig ein kleines Vermögen ansparen kann. Bei dem Wort Vermögen zucken leider schon die ersten Politiker zusammen. Leute, die Vermögens haben? Das ist überhaupt nicht gut (weil sie dann nicht mehr vom Staat abhängig sind?). Und wenn doch ist die sofortige Frage, wie können wir das heftig (weg)besteuern (Keine Sorge, die finden noch eine weitere Möglichkeit, wie sie das großzügig wieder verteilen können). Der Staat sollte steuerfreie Höchstwerte für die Einzahlungen pro Jahr vorgeben und festlegen, dass das Geld erst mit Beginn des Rentenalters entnommen werden kann. Wie das Geld angelegt wird, ist vollkommen offen, denn wie die Riesterrente gezeigt hat, sind diese Dinge nicht vorhersehbar. Für eine gute Vermögensanlage braucht es Flexibilität.

Für die Auszahlungen im Rentenalter würde ich einen Höchstbetrag pro Jahr festlegen, der steuerfrei ist. Dieser Betrag erhöht sich jährlich um die Inflationsrate (sonst haben wir schon wieder eine kalte Progression). Auszahlungen darüber hinaus sind in dem betreffenden Jahr steuerpflichtig auf den Ertragsanteil. Beispiel: Pro Monat dürfen 600 Euro steuerfrei entnommen werden, also im Jahr 7.200 Euro. Ich höre schon, dass das viel zu viel ist. Wie, 600 Euro sind zum Leben pro Monat zu viel zusätzlich zur kargen staatlichen Rente? Das kann nur ein Politiker sagen, der mit seiner Traumpension in völlig anderen Sphären schwebt. Da ist wohl kein Gefühl mehr für die Realität des Volkes. Nächster Einwand: Dann ist das ja viel zu schnell alle. Moment mal, wessen Geld ist das eigentlich, ist der Bürger nicht selbst in der Lage, sich das einzuteilen und woher weißt der Redeführer schon, wieviel am Ende auf dem Konto ist?

Warum eigentlich einen Sockelbetrag steuerfrei? Wenn ich mein Geld hoffentlich gewinnbringend anlege (dazu später mehr), dann vermehrt es sich über die Jahre und der sogenannte Zinseszins wirkt wie ein Turbo für meine Geldanlage. Simples Beispiel: ich habe 10.000 Euro auf dem Konto und habe das Geld gut angelegt mit jährlicher Rendite von 7%. Dann sind auf meinem Konto nach 10

Jahren 19.671 Euro. Und schon rechnet der Finanzminister, dass ich um 9.671 Euro reicher bin und will Steuern (vergessen wir bitte den lächerlichen Freibetrag von neuerdings 1000€/Jahr). Das stimmt aber leider nicht, denn ich kann mir nicht mehr dasselbe dafür kaufen. Die Inflation hat einen ordentlichen Teil aufgefressen. Wieviel? Ich nehme für jedes Jahr im Schnitt die Inflationsrate von 2,5 %. Das ist ein Kaufkraftverlust von ca. 3.700 Euro auf die ganze Summe auf meinem Konto. Ich bin also nur um €5.971 reicher geworden, wenn die Kaufkraft betrachtet wird. Von daher halte ich die komplette Besteuerung von Kapitalerträgen für nicht gerechtfertigt. Nun will ich keinen Gerechtigkeitsfimmel an den Tag legen, der dann alles wieder vollkommen kompliziert macht. Ich erwarte keine präzise Berechnung der Inflationsrate durch das Finanzamt, obwohl das mit einer simplen Software zu bewerkstelligen wäre. Ein festgelegter Prozentsatz der Erträge reicht.

Wenn der Bürger also völlig frei ist, wie er das Geld anlegt, dann kann er oder der Verwalter seines Vertrauens seine Geldanlage auch veränderten Rahmenbedingungen anpassen. Befindet sich die Welt in einer Hochzinsphase, kauft er Anleihen mit langer Laufzeit möglichst bis zum Rentenbeginn oder sogar darüber hinaus. Sind die Zinsen so niedrig wie durch die Finanzkrise und die immer noch andauernden Folgen, dann gibt es im Moment fast nur eine Alternative: Aktien. Mancher mag aus Sicherheitsgründen noch etwas Gold hinzufügen für den Fall, dass wirklich alles den Bach runtergeht. Erträge aus Gold sind übrigens steuerfrei (hat wohl noch kein Politiker gemerkt). Leider mögen wir Deutschen kein Geld für eine gute Leistung ausgeben wie zum Beispiel eine solide Vermögensberatung. Wir gehen lieber zur Bank und lassen uns ein besonderes Produkt der Bank oder einer Anlagegesellschaft andrehen und glauben, das kostet ja nichts. Irrtum, denn im Hintergrund bekommt die Bank eine Provision, denn Du zahlst einen Ausgabeaufschlag von bis zu 5 % Deiner Investitionssumme. Nehmen wir die 10.000€ von oben, die für Dich in einen Fonds investiert werden. Aber nur 9.500, der Rest ist von Deinem Konto verschwunden. Du machst also erst einmal Miese. Obendrein verlangt die Fondsgesellschaft noch 1,5 bis 3 % Managementgebühr pro Jahr. Merkst Du wie bei diesen Kosten Deine Rendite baden geht? So ein paar Prozent klingen nicht viel. Aber über die Jahre kommt da ein hübsches Sümmchen zusammen, was Du auf Deinem Konto haben möchtest und nicht als Einnahmen bei Bank und Fondsgesellschaft. Reden wir über eine Anlage über Jahrzehnte, dann macht der Unterschied je nach Anlagesumme tausende und zehntausende von Euro aus. Dafür muss eine alte Frau lange stricken. Ich übrigens bezahle einen Vermögensverwalter pauschal als Prozentsatz vom verwalteten Vermögen. Bekommt er von jemandem Provisionen für ein gekauftes Produkt, dann werden die meinem Konto gut geschrieben. Als Folge ist er unmittelbar an meinem Erfolg interessiert, denn er sucht nicht mehr die Produkte aus, bei denen hauptsächlich er gut verdient, sondern bei denen ich gewinne. Je besser er mein Vermögen verwaltet und es steigt, desto mehr bekommt er als absolute Pauschale, denn der Prozentsatz bleibt gleich.

Aber die meisten Menschen wüssten nicht, wo sie einen verlässlichen Berater finden oder ob sie es selber machen könnten. Keine Sorge, der Vorschlag kommt. Da aber Aktien für Deutsche fast ein rotes Tuch sind, hole ich lieber etwas weiter aus. Ich betone aber, ich bin kein Bänker und niemand zahlt mir irgendeine Provision für das, was ich hier schreibe. Und ich kann daher auch keine Garantie übernehmen (macht die Bank aber auch nicht).

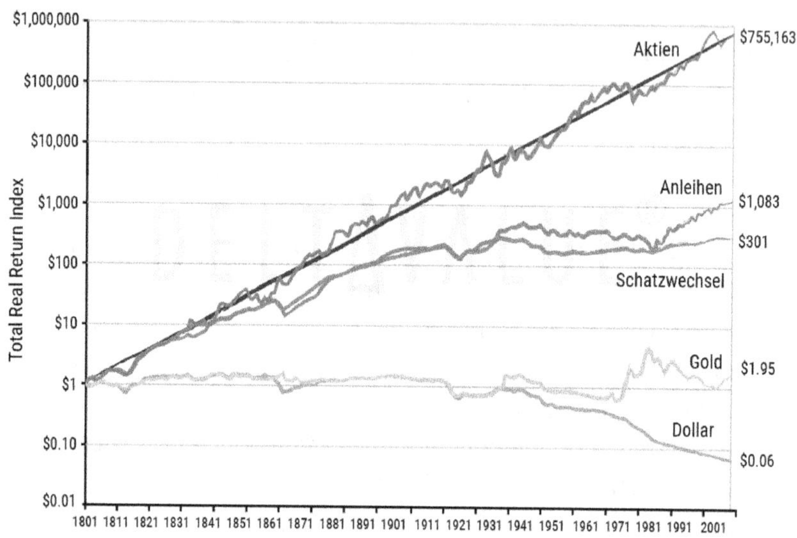

Reale Wertentwicklung verschiedener Anlageformen des amerikanischen Marktes
Quelle: Jeremy Siegel
Achtung: Gold ist hier kein fairer Vergleich, denn der US-Dollar war bis 1971 direkt an Gold gekoppelt.

Warum die Aktie die beste langfristige Geldanlage ist, sieht man sehr eindrucksvoll in obigem Diagramm.

Während der Corona-Pandemie haben viele Deutsche –insbesondere Jüngere- tatsächlich angefangen, sich während des Lockdowns mit Aktien zu beschäftigen. Warum? Sie hatten mehr freie Zeit, es war Geld übrig, dass man mangels Gelegenheit nicht ausgegeben hatte und gleichzeitig waren in den Jahren zuvor viele Neobroker mit unkomplizierten Anlageplattformen an den Markt gegangen. Alles einfach und unkompliziert auf dem Handy abzuwickeln und ständig nette kleine Analysen über die eigene Renditeentwicklung zu sehen, passte genau in die Zeit. Solange die Zahlen positiv sind. Seit der Finanzkrise 2008/2009 sind die Börsen nur in eine Richtung gegangen, bergauf. Das endete jäh im März 2020 als Folge des Ausbruchs der Pandemie. Aktien gingen 25 bis 40 oder mehr Prozent in die Tiefe. Das ist genau der Tag, vor dem sich der Deutsche fürchtet. Wie gewonnen so zerronnen. Wer in diesen Tagen nervös geworden ist und verkauft hat, guckt tatsächlich bedrückt aus der Wäsche. Wer in diesen Tagen neu an die Börse gegangen ist, fühlt sich super ob der großen Gewinne von 30 bis 40%. Oder sogar noch mehr. Und damit habe ich zwei Kardinalfehler der Aktienanlage beschrieben.

Erstens: Die Börse kann immer rauf und runter gehen, deshalb wird dort nur Geld investiert, was Du für die nächsten 5 -besser 10- Jahre nicht brauchst. Hast Du investiert und das in solide Aktien bzw. Fonds, dann lass Dich von Abstürzen nicht aus der Ruhe bringen, denn Du willst langfristig Rendite machen. Lass die Anlage so liegen, auch wenn es schwer fällt. Denn nur, wer am Boden aus Angst verkauft, realisiert die Verluste. Bereits im Januar 2021, also 9 Monate nach dem Corona-Crash, war die Börse wieder auf den gleichen Höhen angekommen, wie vor der Pandemie. Danach ging es weiter nach oben. Solche Krisenphasen können auch länger dauern (Ukrainekrieg?). Wenn Du langfristig investiert bist, kann Dir das egal sein, denn über eine lange Zeit betrachtet, beträgt das Wachstum an der Börse jährlich 6,5 bis 8 %. Über die Jahrzehnte sind aber auch immer einige Jahre dabei, wo es nicht so gut läuft. Die werden dann durch besonders gute Zeiten wieder ausgeglichen. Am besten schaust Du Dir einmal im Jahr Dein Investment an und überprüfst es. Dann wirst Du im überwiegenden Fall auf einen netten Zuwachs schauen und das motiviert. Schaust Du täglich nach, durchleidest Du jeden Tag das Auf und Ab der Börsen. Das ist übrigens ein Nachteil der täglichen Analysen auf dem Handy durch die Neobroker. Fazit ist also: Investieren, vergessen und jährlich kontrollieren.

Zweitens: Du bist der Gewinner, weil Du am Anfang der Pandemie in Aktien eingestiegen bist. Diese Investoren fühlen sich bestätigt und glauben, dass sie die Sache voll im Griff haben. Bei den Erfolgen, aber klar, ich habe den Durchblick. Vergiss es, sie hatten einfach nur Glück und keine Ahnung. Was machen sie dann? Sie erhöhen das Risiko, denn sie sind ja ein Insider. Geht dann ein Investment schief, lag es nicht an einem selbst, sondern der Markt, die EZB, die Firmenleitung war schuld oder Russland hat plötzlich und unerwartet einen Krieg angefangen. Aber der Investor selber ist ganz sicher nicht schuld. Von Selbstreflektion keine Spur. Diese Selbstüberschätzung ist eine echte Gefahr für Dein Geld. Vertraue ja nicht auf heiße Tipps solcher Erfolgsraketen. Damit kannst Du nur Geld verlieren. Wenn es so einfach wäre, warum liegen dann hochbezahlte Analysten (die machen nichts anders) regelmäßig mit ihren aktuellen Vorhersagen der Börsenentwicklung daneben? Warum schafft es die große Mehrheit der Fondsmanager nicht, auf Dauer bessere Renditen zu erzielen als die Börsenentwicklung selbst? Weil es unglaublich schwierig und komplex ist. Und da meinen Laien, dass sie den totalen Durchblick haben? Ein kleines Beispiel aus der Industrie. Ich habe manchmal Firmen gekauft für viele Millionen Euro. Dazu haben wir zuerst mit einem großen Team von Spezialisten für Finanzen, Produktion, Konstruktion, Personal, Verkauf und natürlich Juristen die Firma auf Herz und Nieren geprüft. Das konnten wir, weil der bisherige Eigentümer uns Einblick in alle Bücher und Unterlagen gewährte. Nur die Menschen, die dort arbeiten, wissen mehr über die Firma und die haben wir auch befragt. Danach fiel die Entscheidung, ja oder nein. Wir haben dann wirklich einiges über die Firma gewusst. Das hat auch die große Firma Bayer gemacht, die wir alle vom Aspirin her kennen, als sie das amerikanische Unternehmen Monsanto gekauft hat. Aus heutiger Sicht muss man sagen, dass damit viel Börsenwert vernichtet wurde, denn Bayer ist zeitweise wegen der vielen Klagen in den USA nur noch die Hälfte wert gewesen wie vorher. Sie haben die Situation trotz umfassender Informationen falsch eingeschätzt. Und da will ein außenstehender Schlauberger ohne Informationen die richtige Entscheidung treffen, die Aktie zu kaufen oder nicht? Fazit: Kurzfristige Erfolge sind reines Glück. Der Großteil der Einzelaktien ist für die meisten von uns viel zu undurchschaubar, als das wir treffsicher investieren können.

Aber es gibt doch einzelne Firmen, die über Jahrzehnte immer gute Ergebnisse und damit steigende Aktienkurse sowie Dividenden-zahlungen gehabt haben. Einfachstes Beispiel, das auch jeder kennt: Coca Cola. In solche Firmen kann auch der kleine Aktionär einsteigen. Wie sich über Jahrzehnte Aktienkurs und Dividenden entwickelt haben, kannst Du prima im Internet nachschauen, um eine Entscheidung zu treffen.

Ich habe über viele Jahre Aktien gehabt und auch mein Lehrgeld gezahlt. Ich wollte, ich hätte mein heutiges Wissen viel früher in meinem Leben gehabt. Um meinen Enkelkindern beizubringen, wie Geldanlage und die Börse funktioniert, habe ich für sie ein kleines Konto bei einem sogenannten Neobroker eingerichtet, als sie 10 Jahre alt waren. Dort ist ein Sparplan eingerichtet, der jeden Monat einen kleinen Betrag an der Börse investiert. An jedem Geburtstag schauen wir gemeinsam in das Depot und ich erkläre ihnen, was da passiert, was eine Aktie ist, zeige ihnen wie in einer Krise das investierte Geld in den Keller rauscht und wie sich der Markt wieder erholt. Sie sehen, dass mit einem kleinen Beitrag ein am Ende nettes Vermögen entsteht, weil im Durchschnitt über die Jahre die Börse immer prima aufwärts geht. Was ist bisher das Ergebnis (Stand Januar 2022): Der eine Sparplan läuft seit 3,5 Jahren und zeigt eine Rendite von insgesamt 31,5 %. Das zweite Depot läuft seit 16 Monaten und weist eine Rendite von 15,5% aus. Wie man sieht, es waren trotz der Pandemie besonders gute Jahre an der Börse, denn die jährliche Rendite, liegt ein gutes Stück höher als die vorher genannten Durchschnittswerte von 6,5 bis 8 %. Bis zur Rente meiner Enkelkinder werden sicher auch noch einige eher unterdurch-schnittliche Jahre auftauchen, wie jetzt durch den Krieg in der Ukraine.

Wie also lautet mein Vorschlag für Deinen Vermögensaufbau, damit Du ein nettes Polster während Deines Ruhestandes hast?

Du richtest Dir bei einer der neuen Internetbanken online ein Konto und Aktiendepot ein, wo Du kostenlos einen Fondssparplan einrichten kannst. Vergleiche dieser Banken gibt es immer wieder von soliden Quellen, so dass es Dir leicht fallen sollte, die passende für Dich auszusuchen. Ich verrate jetzt mit Absicht nicht, wo ich das für meine Kinder gemacht habe, denn ich möchte Dir einen guten Rat geben und nicht in den Verdacht einer Werbung kommen. Dann richtest Du einen monatlichen Dauerauftrag auf dieses Konto ein. Am besten direkt am 1. des Monats , wenn Lohn oder Gehalt auf Deinem Konto erscheinen. Für den 15. des Monats richtest Du dann einen Sparplan ein, der die zuvor überwiesene Summe automatisch komplett anlegt. Und so sollte es Monat für Monat, Jahr für Jahr jahrzehntelang laufen. Ein kleiner Betrag von ein 5-10 Euro sollte immer auf Deinem Konto sein, damit evtl. anfallende Steuern oder Gebühren im Laufe des Jahres bezahlt werden können und Du nicht dauernd nachschauen musst, ob Dein Konto in den Miesen ist und Überziehungszinsen kostet.

Wieviel sollst Du investieren? Das hängt davon ab, wieviel Du regelmäßig erübrigen kannst. Ich rate immer, dass Du mindestens 3 Monatsgehälter (je nach persönlichem Sicherheitsbedürfnis auch mehr) auf Deinem normalen Girokonto oder Tagesgeld haben solltest, damit Du für die kaputte Waschmaschine, die Autoreparatur oder sonstige Überraschungen ein guten Notgroschen hast. Erst wenn diese Reserve aufgebaut ist, fängst Du mit dem Sparplan an. Sparpläne beginnen bei € 25/Monat und nach oben gibt es fast keine Grenzen.

In was soll ich investieren? Ein wichtiges Prinzip an der Börse lautet: Tu nicht alle Eier in einen Korb. Das würdest Du machen, wenn Du alles Geld auf eine Aktie setzt, alles Geld in deutsche Aktien investierst oder nur Aktien von Möbelfirmen kaufst. Wenn dann die Möbelbranche bergab geht, Deutschland in der Rezession steckt oder die einzelne Firma einen unfähigen Chef bekommt oder es einen Betrugsskandal wie bei Wirecard gibt, dann bist Du extrem gekniffen. Hast Du Deine Anlagen breit gestreut über viele Firmen, rund um die Welt und in vielen verschiedenen Branchen, dann juckt es Dich nicht, wenn an einer Stelle ein Sack Reis umfällt. Ich empfehle Dir bei einem monatlichen Betrag von 100 Euro davon 50 in einen ETF des MSCI World zu investieren und für die weiteren € 50 einen ETF MSCI Europe zu kaufen. Ein ETF ist ein automatisch zusammengestellter Fonds, der keinen teuren Fondsmanager braucht, sondern sich an einem festen Index orientiert. Daher belaufen sich die jährlichen Kosten nur auf 0,05 bis 0,5 %. Du siehst den gewaltigen Unterschied zu den aktiv gemanagten Fonds (siehe oben). Du sparst also jedes Jahr bis zu mehrere Prozent und die bleiben in Deiner Tasche und wachsen immer mit. Der MSCI World hat die ca. 1600 größten Aktiengesellschaften auf der ganzen Welt im Index. Kaufst Du einen Anteil des ETFs, bist Du Inhaber eines kleinen Teils von jedem dieser 1600 Firmen. Bei dem MSCI Europe sind es die knapp 450 größten europäischen börsennotierten Firmen. Warum nicht nur den World ETF? Er enthält zu mehr als 50% US-Firmen und Du willst nicht in einer Region so massiv investiert sein, Du willst es verteilen.

Nun bieten viele Investmentfirmen einen solchen ETF an, welchen nimmst Du also? Ich habe die besten Vergleiche und wichtigsten Daten immer auf www.justetf.com gefunden (nun gebe ich doch eine Empfehlung). Dort gibt es Suchfunktionen, die Dir alle ETF des MSCI World zeigen. Du kannst vergleichen, wie sich die Rendite der einzelnen über verschiedene Zeiträume entwickelt hat: 1, 3 oder 5 Jahre. Ich schaue mir immer den längsten Zeitraum an, der für alle gleich ist. Natürlich ist die Rendite für einen MSCI World ETF bei den verschiedenen Anbietern fast gleich, denn sie bilden ja den gleichen Index ab. Deshalb habe ich noch 4 weitere Kriterien für Dich bei der Auswahl:

- bei Deinem Neobroker gibt es für diesen ETF einen kostenlosen Sparplan
- jährliche Kosten des ETF in % (sei bitte geizig). Die Fondsgesellschaften liefern sich einen harten Wettbewerb
- Replikationsmethode: physisch. Die andere Methode ist synthetisch, die ich aus Sicherheitsgründen immer meide (kleines zusätzliches Risiko)
- Ausschüttung: thesaurierend. Alle Dividenden verbleiben im ETF und werden sofort wieder angelegt. Wenn Du einen „ausschüttenden" wählst, hast Du immer wieder ein Guthaben auf Deinem Konto, was Du selbst wieder anlegen musst. Du zahlst Pauschalsteuern für die Aus-schüttung, wenn Du über dem Freibetrag liegst. Die herumliegende Dividende bringt keine weitere Rendite, weil sie nicht gleich angelegt wird.

Ein Wort der Vorsicht: Der Trend heutzutage ruft ganz laut danach, das Aktienanlagen nachhaltig sein müssen. Leider ist inzwischen ein ziemlicher Missbrauch mit diesem Wort Nachhaltigkeit getrieben worden. Selbst im Geschäftsbericht von Unternehmen, die sich keinen Deut um Umwelt, Soziales und gute Unternehmensführung (sogenannte ESG-Kriterien) kümmern, wird weidlich im Geschäftsbericht über Nachhaltigkeit gefaselt. Genannt wird das Green Washing. Und Fondsanbieter versuchen ihren Kunden in schönsten Farben, nachhaltige Anlagen zu verkaufen. Es gibt auf dieser Welt keine klare Definition, was eine nachhaltige Geldanlage ist. Jeder hat davon eine andere Vorstellung. Es ist in meinen Augen momentan pures Marketing, um etwas zu verkaufen. Nachhaltig aus Umweltsicht ist für mich ein Unternehmen, das es permanent schafft, die gleiche Menge seiner Produkte oder sogar mehr mit geringerem Verbrauch von natürlichen Ressourcen herzustellen als zuvor. Das wären weniger Energieverbrauch und Umstellung auf erneuerbare Energien zur Einsparung von CO2 und weniger Materialeinsatz. Oder die Entwicklung eines Ersatzproduktes, das weniger Ressourcen verbraucht. Das bringt unserem Planeten etwas. Nur weil ein Unternehmen ein Produkt hat, das gar kein CO2 bei Herstellung und Anwendung erzeugt, ist es noch lange nicht nachhaltig. Dafür ein konkretes Beispiel: Stahlherstellung würde niemand als nachhaltig einstufen. Nach meiner Definition wäre es das aber, wenn es durch stetige Verbesserung der Prozesse dauerhaft wesentliche Energieeinsparungen realisiert und die Menge des Recyclings erhöht. Das hat der Umwelt tatsächlich etwas gebracht. Du siehst, dass das Thema Nachhaltigkeit als Anlagekriterium noch in den Kinderschuhen steckt.

Für den Fall, dass Du mehr als 100 Euro pro Monat übrig hast, empfehle ich Dir einen dritten Sparplan: MSCI EM. Dieser bildet die sogenannten Emerging Markets (Schwellenländer) ab. Die vier größten Länder darin sind China, Taiwan, Indien und Südkorea. Damit bist Du dann auch in Asien ganz gut dabei. Diese Märkte stellen ein höheres Risiko dar, bieten deswegen aber auch höhere Chancen. Möchtest Du schon daran partizipieren, aber das Risiko beschränken, wählst Du einfach eine kleinere monatliche Summe, als bei den anderen beiden ETF.

Klar, so ein bisschen musst Du jetzt arbeiten, um die für Dich passenden ETFs zu finden. Ich habe Dir bewusst nicht die genannt, die ich ausgewählt habe. Denn das hat sein Gutes: Du machst Dich mit Aktien und Fonds vertraut. Einfach blind (einem wie mir) hinterherzurennen, ist gefährlich. Bietet Dir jemand ein Investment mit enorm hohen Renditen an (todsicher!), lauf weg, so schnell Du kannst. Entweder ist das Risiko extrem hoch (ohne das geht eine extreme Rendite nicht) oder der Berater ist ein Schwindler, der es auf Dein Bestes abgesehen hat: Dein Geld. Dafür gibt es leider immer wieder prominente Beispiele. Gier führt zu Verlusten.

Was hast Du nun davon? Nehmen wir an, Du hast die Sparpläne eingerichtet und eine monatliche Sparrate von 100 Euro wird jeden Monat von Deinem Lohn/Gehalt überwiesen. Du beginnst im Alter von 27 Jahren und beendest es im Rentenalter von 67. Dass macht 40 Jahre x 12 Monate x 100 € = 48.000 €. Nehmen wir eine mittlere Aktienrendite von 7%. Dann erfreust Du Dich beim Eintritt in die Rente eines hübschen Polsters von 248.645 € auf Deinem Konto. Wie bitte? Das ist der sogenannte Zinseszinseffekt. Hier gibt es zwar keine Zinsen, aber Dividenden. Diese und alle Steigerungen der Aktienpreise im ETF führen wiederum zu beschleunigter Rendite. Aus diesem Betrag kannst Du jeden Monat ca. 550Euro zur Rentenaufbesserung entnehmen, ohne dass sich über einen längeren Zeitraum gerechnet, Dein Kontostand von einer Viertelmillion Euro reduziert. Denn die Rendite der Aktien geht trotz der vorhandenen Schwankungen im Schnitt weiter. Natürlich fallen jetzt bei Verkäufen von ETFs Steuern auf den Kapitalgewinn an. Aber die sind im Alter niedriger, weil die Rente kleiner ist als Dein Lohn/Gehalt es war. An dieser Stelle erneuere ich die Forderung an die Politik, hier viel größere Freibeträge festzulegen und dass beim Ansparen zusätzlich die Möglichkeit eröffnet wird, dass die vermögenswirksamen Leistungen eines Arbeitgebers in so einen Plan einfließen können. Vor 2009 war der Kapitalgewinn steuerfrei, wenn man die Aktie länger als ein Jahr besessen hatte. Dann kam wieder so eine versteckte Steuererhöhung auf 25% plus Soli. In manchen Ländern sind Kapitalgewinne gänzlich steuerfrei. Kein Wunder, dass es in diesen Ländern mehr Menschen gibt, die in Aktien investiert sind und in ihrer eigenen Wohnung/Haus wohnen. Bei uns sind Aktien in weiten Teilen der Politik aber Teufelszeug, damit könnten wir ja zu Kapitalisten werden. Tut mir leid, wenn wir als Industrienation das nicht schon sehr lange sind, dann wären wir wohl nicht so ein wohlhabendes Land, das sich nur deshalb einen der größten Sozial-staaten leisten kann.

Mein Beispiel zeigt, dass die Zeit ein sehr wichtiger Faktor bei dieser Vermögensbildung ist. Investierst Du nur 10 Jahre in Aktien, hatten wir oben festgestellt, dass aus 10.000€ die Summe von durchschnittlich 19.671 € werden, eine knappe Verdoppelung. Kannst Du noch früher anfangen, nicht erst wie oben angenommen mit 27 Jahren? Startes Du im Alter von 17 mit 100€/Monat, dann weißt nach 50 Jahren bei Rentenbeginn Dein Konto einen Kassen-stand von rund 500.000€ aus. Haben Deine Großeltern diese Spar-form für Dich angefangen als Du zarte 7 Jahre warst und Dir monatlich die 100 € angelegt und Du setzt das fort, wenn Du selbst Geld verdienst (auch nur mit 100 €), dann darfst Du Dich mit 67 Jahren Millionär nennen und kannst bei beibehaltener Anlage in Aktien jeden Monat € 2.400 vor Steuern zu Deiner Rente hinzufügen, ohne dass Du diesen Millionärsstatus, über einen längeren Zeitraum betrachtet, verlierst. Schwankungen insbesondere durch Krisen gibt es immer wieder und werden so gut wie immer von kaum jemand vorhergesehen. Die kannst und musst Du bei diesem Polster in Ruhe aushalten, auch wenn sie manchmal heftig ausfallen.

Wie wichtig die Zeit ist, kann auch das folgende Beispiel zeigen, was ich mit dem Beispiel vergleiche, wo Du € 100 monatlich als 27 jähriger beginnst und mit 67 auf knapp 250.000 Euro kommst. Startest Du erst mit 40 Jahren Deinen Sparplan und willst mit dem Rentenalter mit 67 auf die gleiche Endsumme kommen, dann musst Du monatlich bereits 275 € in den Sparplan einzahlen, weil Du nur 27 Spar-Jahre hast. Im wahrsten Sinne des Wortes ist Zeit Geld.

Hier mein klarer Rat an alle Großeltern, die etwas für Ihre Enkel anlegen wollen: Lasst die Finger von Sparbüchern oder Aussteuer-/Ausbildungsversicherungen, da kommt am Ende wenig bei heraus (im Moment 0% Zinsen) und ihr verpasst die Chance, Euren Enkeln den Weg in eine solide Vermögensbildung zu zeigen. Legt für sie einen ETF-Sparplan an und erklärt es ihnen ab einem gewissen Alter.

Solltest Du im Laufe Deiner Berufsjahre oder sogar von Anfang an mehr als 100 Euro übrig haben, dann erhöhe Deine monatliche Investition. Eine gute Gelegenheit ist immer der Moment einer Lohn-/Gehaltserhöhung. Nimm einen Teil davon als zusätzliche Sparrate, bevor Du Dich an das Mehr in Deinem Portemonnaie gewöhnst. Der Sparplan kann immer wieder angepasst werden, jeden Monat. Solltest Du in eine finanzielle Klemme geraten, dann kannst Du den Sparplan auch aussetzen.

Nun bist Du Rentner und hast diesen großen Haufen ETFs angesammelt. Jetzt willst Du daraus Geld machen, was Dir zum Leben zur Verfügung steht. Zuerst, schlage ich vor, rechnest Du aus, wieviel Geld Du zum Leben pro Monat oder Jahr haben möchtest. Dann zählst Du Deine Renten zusammen und ziehst Kranken-/Pflegeversicherung sowie Steuern ab und kommst so zur Nettorente. Der Rest soll aus Deinem Vermögen kommen. Als ich das schon im zarten Alter von 40 Jahren gemacht habe, kannte ich die Differenz zwischen Wunsch und Wirklichkeit. So habe ich dann ausgerechnet, wieviel Geld ich auf der hohen Kante haben müsste, um das hinzukriegen. Daraus ergab sich, wieviel ich monatlich sparen musste. Dabei bin ich davon ausgegangen, dass das Geld 30 Jahre nach Rentenbeginn mit 65 reichen muss. Heutzutage gibt es dafür tolle Programme, wo Du das ausrechnen kannst.

Also der Rest soll aus Deinem Vermögen kommen. Mein Rat: ändere Deine Investition, indem Du statt thesaurierender ETFs nun ausschüttende in Deinem Depot hast. Warum? Du möchtest jetzt laufende Erträge aus Dividenden regelmäßig auf Deinem Konto haben, damit Du diese für Deinen monatlichen Bedarf nutzen kannst. Es gibt die gleichen ETFs, die Du schon hattest, meist auch in der ausschüttenden Form. Vielleicht schaffst Du es, Deinen Geldbedarf nur aus diesen Ausschüttungen zu decken. Die Historie dazu kannst Du Dir im Netz anschauen. Das heißt, Du musst die thesaurierenden verkaufen und die anderen dafür zu kaufen. Damit solltest Du spätestens kurz vor Rentenbeginn anfangen und auch noch in die Zeit der Rente ausdehnen, damit nicht alle Kapitalerträge der vielen Jahre auf einmal mit hohem Steuersatz besteuert werden. Statt nur die gleichen ETFs in ausschüttender Form zu nehmen, kannst Du aber auch schauen, ob Du ein paar ETFs verteilt über die Welt findest, die sich auf hohe Dividenden oder sogar sogenannte „Dividenden-könige" spezialisiert haben. Letztere sind Firmen, die über die letzten 50 Jahre kontinuierlich Dividenden gezahlt haben und diese jedes Jahr erhöht haben. Davon gibt es nur 19 Firmen auf der Welt. Aber es gibt auch andere Firmen, die zuverlässig gute Ausschüttungen machen, die in ETFs zusammengefasst sind. Du hast Dir über die Jahre genügend Aktienwissen angeeignet, dass Du diese findest. Es kann für Dich aus steuerlichen Gründen aber auch gut sein, auf den Tausch von thesaurierenden zu ausschüttenden ETFs zu verzichten und einen langsamen Verkauf im Alter zu machen. Das wird entscheidend davon abhängen, wie zum Zeitpunkt Deiner Rente die Besteuerung von Aktiengewinnen geregelt ist und wo der Aktien-markt gerade steht. Steht dieser 3 Jahre vor der Rente gerade sehr hoch, macht es Sinn, schon ein paar Fonds mit gutem Gewinn zu versilbern, was dann später Dein erster Rentenzuschuss ist. Reichen die Ausschüttungen nicht, musst Du mit einer klugen Steuerstrategie immer wieder ein paar ETFs verkaufen. Dabei sind auch die Kosten des Fondsverkaufs mit zu berücksichtigen. Rechne Dir aber vorher aus, wie lange Dein Vermögen dann reicht.

Wenn ich in der Runde mit Freunden und Bekannten sitze, dann kommt bei diesem Thema immer der Einwand: „Dieses Sparen können sich viele Leute gar nicht leisten". Ja, das stimmt. Die Zahl derer, die das nicht können, ist aber kleiner als die meisten glauben. Ich möchte das anhand eines Beispiels erläutern, das ich im Mai 2019 in mehreren seriösen Zeitungen gelesen habe (gibt einfach „Aktien statt Rauchen" in die Suchmaschine ein). *Ein Auszubildender raucht mit 16 Jahren täglich eine Schachtel Zigaretten und das bis zu seiner*

Rente, also vereinfacht 50 Jahre lang. Würde er sich mit 16 entscheiden, dass nicht mehr zu tun und stattdessen das gesparte Geld monatlich immer über einen Sparplan in Aktien anlegen, dann hätte er mit 66 ein ziemlich dickes Bankkonto. Dabei wird mitgerechnet, dass im Laufe seines Lebens die Schachtel durch Preiserhöhungen und Steuern immer teurer wird. Alles dieses Geld fließt in den Aktiensparplan mit ETFs wie oben beschrieben. Legt man eine über Jahrzehnte gesicherte Rendite von Aktien von 6.5% zu Grunde, dann sind nach Abzug von Abgeltungssteuer und Solidaritätszuschlag über 1 Million Euro auf seinem Konto. Da wird einem schwindelig. Im Mittel über all die Jahrzehnte beträgt trotz aller Schwankungen (auch so massive wie beim Coronaeinbruch oder der Finanzkrise) die jährliche weltweite Aktienrendite 6,5 bis 8 Prozent je nach Auswertung. Das Sparbuch kann da gar nicht mithalten. Man muss nur die Ruhe bewahren und jeden Monat immer weiter einzahlen (am besten per Dauerauftrag), über die lange Zeit wird es gut. Und die wichtigsten Jahre sind die ersten, wegen der langen Laufzeit. Ich behaupte einfach mal, dass das die meisten machen können, denn eine Schachtel Zigaretten täglich rauchen, tun eine große Zahl von Menschen, sogar Personen die nicht viel verdienen.

Da es sicherlich Bürger gibt, die sich nicht selbst in die Geldanlage wagen wollen, sollte die Politik einen Staatsfonds einrichten. Diese werden zum Beispiel sehr erfolgreich in Norwegen und Singapur betrieben. Solch eine von der Politik weitestgehend unabhängige Organisation kann genau einen solchen Sparplan anbieten und der Bürger zahlt seine monatliche Sparrate dort ein. Alles weitere erledigt der Fonds im Sinne des Bürgers. Er sucht die verschiedenen Anlagen aus und kauft sie für den Bürger. Der Sparplan wird wie ein Konto geführt, so dass immer klar ist, wem das Vermögen gehört und wie es sich entwickelt. Der Fond ist nur dem Bürger verpflichtet. Der Staat hat keinen Zugriff auf das Anlagevermögen des Sparers. Der Bürger hat die Wahl, ob er sein Geld selbst anlegt oder ob er den Fonds beauftragt. Und bitte, in den Aufsichtsrat dieser Gesellschaft gehören erfahrene Finanzleute und keine Politiker, höchstens der Finanzminister oder einer seiner Fachleute.

Zurück zur Politik: Sie soll endlich den Weg freimachen, dass möglichst viele Bürger für die Rente in ein Vermögen investieren können. Wir reden immer wieder über die finanzielle Ungleichheit in der Bevölkerung. Wie kann die Vermögensschere zwischen Arm und Reich weiter geschlossenen werden: durch Investition in Sachwerte: z.B. Immobilien und Aktien. Genau dadurch ist in Coronazeiten und danach die Schere weiter aufgegangen. Während die Inflation das Geld der einen auffrisst, sind die anderen schon lange in Sachwerte investiert, deren Wert meist mit der Inflation und darüber hinaus ansteigt. Vermögen ist etwas Gutes für eine Gesellschaft, es macht sie wohlhabend und frei. Es ist also kontraproduktiv über Vermögen als etwas zu reden, das bäh ist, davon wird nichts besser (außer einer kurzfristigen Verteilung), sondern es gilt denen zu helfen, die keines haben, aber sich welches selbst erarbeiten können. Das macht Freude und zufrieden. Ist es nicht das, was ein Leben ausmachen sollte?

Die staatliche Rente

Das ist ein super heißes Eisen und deshalb versuchen Politiker, der Realität aus dem Wege zu gehen. Die Babyboomer Baujahr 1955-1970 fangen an, in Rente zu gehen. Früher kamen 6 Arbeitende auf 1 Rentner, heute nur 2:1 und in Zukunft noch 1,3:1. Der Generationenvertrag ist bereits gescheitert. Aber die Politik macht die Augen zu, denn es würde die Wähler verschrecken. Die zahlenmäßig wenigen Jungen, die vielleicht für eine Reform stimmen, machen den Verlust an Stimmen der Älteren nicht wett. So lässt sich keine Wahl gewinnen, insbesondere, wenn alle Politiker wissen, dass es knapp wird. Das Problem wird auf die Zukunft und damit auf die junge Generation verschoben. Absolut unfair.

Die Rentenversicherung trägt sich schon länger nicht mehr selbst, denn es braucht einen kräftigen Schluck aus dem Haushalt des

Bundes obendrein, der mit 106 Milliarden Euro bereits ein Fünftel des gesamten Budgets des Bundes ausmacht. Das kann ich noch als richtig erachten, denn es verteilt die Last auf alle, also auch die Rentner und nicht nur die Zahler der Rentenbeiträge. Aber der Zuschuss wird Jahr für Jahr immer mehr Mittel beanspruchen, denn es gehen jetzt die geburtenstarken Jahrgänge in Rente. Als Folge werden anderen wichtigen Vorhaben des Bundes die finanziellen Mittel entzogen. Damit sind wir auch schon faktisch aus dem Generationenvertrag ausgestiegen.

Ein kleiner Blick in die Schweiz, wo ich selbst in die staatliche Rente eingezahlt habe, enthält vielleicht eine Idee für Deutschland. Ich musste etwas über 5,5% meines Einkommens in die staatliche Rente einzahlen und da gab es keinen Deckel (Beitragsbemessungsgrenze) wie in Deutschland. Die daraus resultierende Maximalrente lag etwas über 4.400 Franken (ca. 4.300 Euro), die im Rentenalter zu 100% zu versteuern ist. Ich betone noch einmal, der lohnabhängige Beitrag wurde auf das gesamte Einkommen ohne Höchstgrenze einbezahlt. Großverdiener zahlen also viel mehr ein, als sie jemals herausbekommen. Arbeitgeber und Arbeitnehmer zahlen mindestens den gleichen Betrag noch einmal in eine betriebliche Pensionskasse, auch ohne Begrenzung nach oben. Aber dort ist die Rente dann nicht gedeckelt. Die Schweizer drückt aber auch das Thema, dass die Rentner immer älter werden.

Als das deutsche Rentensystem 1957 erfunden wurde, betrug für Neugeborene des Jahres 1958 die Lebenserwartung als Junge 68,8 und als Mädchen 71,9 Jahre. Wird 2020 ein Junge geboren sind es 78,9 und für ein Mädchen 83,6 Jahre. Damit steigt die Länge des Lebens um gut 10 Jahre. Wir zahlen also maximal 2 Jahre länger ein (Rente mit 67 statt 65), wollen aber gut 10 Jahre länger Rente bekommen. Das sieht jeder ein, da müssen sich auch noch andere Faktoren ändern, sonst geht die Rechnung nicht auf. Entweder zahlen wir bei gleichem Rentenalter regelmäßig mehr ein oder wir bekommen eine geringere Rente. Oder eine Mischung aus beidem. Beim Rentenbeitrag (20%) und bei der Höhe der Rente (48%), hat sich die Politik rote Linien gegeben, die sie nicht über- bzw.

unterschreiten will. Na dann bleibt nur, dass wir länger arbeiten über das 67. Lebensjahr hinaus. Das wird in manchen Berufen gut gehen, in anderen überhaupt gar nicht. Das ist also auch keine simple Option. Aber da will die Politik nicht ran. Sie redet mehr darüber, was auf keinen Fall geht. Regieren heißt aber, konstruktive Lösungen zu finden, die wohl alle drei Elemente enthalten müssen (höhere Beiträge, niedrigere Rente und höheres Rentenalter und das für alle oder einige). Aber das soll bitte die nächste Regierung machen. Jeder Tag, der hier verstreicht vergrößert das Problem (Zuschuss aus dem Haushalt). Unabhängige Wissenschaftler schlagen seit Jahren Alarm. Aber die Politik hört nicht einmal auf die Empfehlungen der von ihr selbst eingesetzten Rentenkommission. Führen wir endlich eine offene Diskussion, statt dass sich die Politik in dieser Frage wie ein verängstigter Käfer totstellt. Sonst ist irgendwann die staatliche Rente tot, zum Schaden der gesamten Gesellschaft.

Kein Fehler - aber auch kein Impuls

(ARD- Sommerinterview vom 22.8.21 mit Annalena Baerbock)

So lautete die Überschrift der Analyse des Gespräches. Das fasst sehr schön eine Misere unserer Politiker zusammen. Damit Du was in der Politik werden kannst, darfst Du keine Fehler machen. Am besten hast Du das seit Deiner Geburt beherzigt. Denn wenn Du einen gemacht hast, ob gerade eben oder vor 30 Jahren, Deine Konkurrenz aus den anderen Parteien und leider auch die Medien werden es Dir bis zu Deinem Tod immer wieder aufs Brot schmieren. Es ist egal, ob Du es eingesehen hast oder das Problem korrigiert hast. Und ob Du den Fauxpas wirklich gemacht hast oder Dir jemand das Wort im Mund durch Weglassen von Fakten im Mund umgedreht hat, es spielt keine Rolle, alle hören interessiert zu. Aus diesem Grunde hatte obiges Interview so wenig Aussagekraft. Aber das gilt auch für die Konkurrenten sprich anderen großen Parteien und ihre Top Kandidaten. Was bekommen wir mit dieser Vorgehensweise? Einen Stillstand der politischen Auseinandersetzung, die aber Grundlage unserer Demokratie ist. Wer aber klare Positionen vertritt, ist natürlich anschließend angreifbar. Nicht sie oder er, sondern das Argument. Mir wird in der Politik zu viel der Mensch selbst angegriffen. Das ist vermeintlich leichter und macht den anderen mundtot, wie man an obigem Interview sehen kann. Leider springen aber Medien und wir Bürger viel besser an, wenn der Politiker persönlich angegriffen wird. Nach der Wahl hat Frau Baerbock dann als Außenministerin sehr häufig Klartext gesprochen.

Also was bekommen wir bei dieser Fehlerkultur? Weichgespülte Softies, die in ihrem Leben nichts probiert haben (von Experimenten gar nicht zu reden), keine Verantwortung übernommen haben und damit auch nicht viel gelernt haben. Warum nicht? Weil ich glaube, dass man aus korrigierten Fehlern am meisten lernt und reichlich Erfahrungen sammelt, wie es besser geht.

Ist die Wahl vorbei und die gewählten Politiker freuen sich auf die Legislaturperiode, dann beginnt nach den Koalitionsverhandlungen die Auswahl des Kabinetts. Für mich als Manager aus der Industrie wäre jetzt die Zeit der besten Köpfe, die gut darin sind, Menschen zu führen, solide Erfahrungen in ihrem Fachgebiet haben, verständlich zu kommunizieren, entscheidungsfreudig und zielstrebig sind, für Ihr Ressort eine Analyse zu machen und daraus einen Plan zu entwickeln, wie alles Zug um Zug in die Tat umgesetzt wird und von wem. Bitte den Termin nicht vergessen. Aber bekommen wir als Minister die besten Köpfe? Ich habe da so meine Zweifel, warum? Jetzt ist die Zeit der Posten und damit schlagen Argumente wie Proporz und Quote zu. Aus jedem Bundesland muss einer einen Top-Posten bekommen, und aus dem Osten und die Frauenquote. Wir brauchen mehr mit Migrationshintergrund. Die Liste ließe sich noch erheblich erweitern. Wenn die deutsche Industrie so ihre Stellen besetzen würde, dann wäre sie garantiert nicht weltweit so erfolgreich. In der Politik werden nicht unbedingt die Besten auf die Ministerposten rücken. Eher die, die am besten reden können. Das ist sicherlich auch eine wichtige Voraussetzung. Aber was ist mit strategischem und analytischem Denken, Führungseigenschaften, Fachwissen, Erfahrungen? Eine Firma würde hier die Kandidaten der engeren Wahl durch ein Assessmentcenter schicken und damit kontrollieren, ob der bisherige Eindruck in der externen Beurteilung Bestand hat. Eine wesentliche Frage kommt dabei noch dazu: wie verhalten sich die Kandidaten unter Druck? Machen wir uns nichts vor, jeder Top Politiker muss die Situation der Krise beherrschen. Abzug aus Afghanistan, Pandemie, Finanzkrise oder Naturkatastrophen sprechen hier eine eindeutige Sprache. Oft genug haben sich die handelnden Personen nicht als gute Krisenmanager erwiesen. Zum Glück gab es aber auch immer Politiker, die in der Krise zu großer Form aufgelaufen sind. Leuchtendes Beispiel bleibt Helmut Schmidt während der Flutkatastrophe in Hamburg. Warum? Er hat sich über viele Regeln, Zuständigkeiten und festgelegte Abläufe hinweggesetzt, um schnell die erforderlichen Entscheidungen und Maßnahmen durchzusetzen. Ich sehe heute kaum einen Politiker, der sich das trauen würde. Und tat es doch jemand, dann wird sie/er danach von anderen Parteien und den Medien ausgeknockt, denn es gibt ja so schöne Angriffsflächen.

Natürlich ist es unfair, dass jeder verantwortliche Kommunalpolitiker ein Krisenmanager sein soll. Woher sollen diese Erfahrungen kommen? Deshalb sollte es klare Pläne geben, dass in festgelegten Krisenzeiten Krisenstäbe mit erfahrenen Krisenmanagern eingesetzt werden, die für bestimmte Dinge, wie z.B. die Räumung eines Stadtviertels auch die Entscheidungsgewalt haben. Bei einer Flutkatastrophe wären die richtigen Leute vom THW, bei einer Bombenentschärfung der Kampfmittelräumdienst usw., aber nicht der Bürgermeister, der noch nie im Katastropheneinsatz war.

In der Politik wird das Netzwerk mit Posten belohnt. Wer hat mir geholfen Parteivorsitzender oder Kanzler zu werden? Diejenigen bekommen jetzt wichtige Ämter. Und wir Bürger müssen uns dann mit zweitklassigen Ministern abgeben. Ein Spruch aus der Wirtschaft: Zweitklassige Führungskräfte haben nur drittklassige Mitarbeiter. Warum? Die werden einem sonst schnell gefährlich und der eigene Stuhl wackelt.

Ein Beispiel aus meinem Freundeskreis:

Er geht mit 60 in Pension und will sich dann in der Politik engagieren. Er ist schon lange Mitglied einer Partei, konnte sich aber wegen seines intensiven Jobs als obere Führungskraft kaum dort einbringen. Nun hilft er, wo er kann. Eines Tages ist in seiner Gemeinde ein Posten im Aufsichtsrat des Wasserbeschaffungsverbandes zu besetzen. Von Wasseraufbereitung und -verteilung versteht er berufsbedingt sehr viel und hebt die Hand. Aber die

Partei ist nicht daran interessiert, denn das soll der alteingesessene Schlachtermeister machen. Er ist jetzt mit einem Posten dran, hat aber keine Ahnung von der Materie. Dieses Beispiel erklärt auch die fatalen Verluste der Sparkassen und Volksbanken in der Finanzkrise. Ihre Aufsichtsräte waren überwiegend die lokalen Politiker, die von den eingegangenen Risiken keine Ahnung hatten, sie aber abgenickt haben. Echte Fachleute waren (sind?) in solchen Gremien selten, würden aber dringend gebraucht. Warum haben die Schweizer den Gotthardtunnel innerhalb der geplanten Zeit und innerhalb des Finanzbudgets gebaut? Weil sie vorher die Zustimmung der Bevölkerung eingeholt haben und der Aufsichtsrat mit Fachleuten im Tunnelbau und Finanzexperten besetzt war. Die wussten, wovon sie redeten und was sie ständig für Entscheidungen gefällt haben. Im krassen Gegensatz dazu steht das Großprojekt Berliner Flughafen. Der Hauptunterschied: Im Aufsichtsrat saßen Politiker, die keine bis wenig Ahnung vom Bau eines Flughafens und den dazugehörigen Finanzen hatten.

Ich habe noch ein weiteres Beispiel aus der Corona-Krise. Großbritannien war schneller als alle anderen in Europa, Impfstoffe zu beschaffen und eine zügig organisierte Impfkampagne auf die Beine zu stellen. Neidvolle Blicke richteten sich nach London, wie sie das geschafft hatten. Zum einen war es der Mut frühzeitig viele Milliarden Pfund in Impfstoffe zu investieren und das zweite war, die richtige Person frühzeitig im April 2020 an die Spitze des Ganzen zu setzen: Kate Bingham. Sie ist Unternehmerin und hat Jahrzehnte Erfahrung im Bereich der Medizintechnik. Sie stellte ein Experten-team zusammen, das die Situation analysierte, mit möglichen Impfstoffherstellern verhandelte, Entscheidungen traf und die Impfungen organisierte. Nach meinem Wissen kannte sie viele Entscheidungsträger in den Pharmaunternehmen persönlich, die Impfstoffe in der Bearbeitung hatten. Mit diesen Beziehungen, ihrem Fachwissen und ihren Managementfähigkeiten schaffte sie es, dass Großbritannien immer einen Schritt voraus war. Wäre das in Deutschland möglich gewesen? Hätten wir den Mut gehabt, das

Ganze an dem Politik- und Beamtenapparat vorbei zu machen? Eine Antwort dazu kommt aus Israel:

„Die Deutschen sind die Besten, wenn es um Ordnung und Einhaltung der Regeln geht. Aber in Krisenzeiten wie dieser braucht es schnelle Entscheidungen und Führungspersonal, das Verantwortung übernimmt. In Deutschland gibt es das nicht.", sagt Ronnie Gamzu, ehemaliger Leiter der israelischen Coronaimpfkampagne. Ihm ist schleierhaft, warum Deutschland, trotz der vorhandenen Daten über das erfolgreiche Boostern in Israel im Sommer 2021, solange mit dem Start der dritten Impfung gegen Corona gewartet hat.

Ich glaube, das Personal gibt es in Deutschland schon, aber es geht meist in die Wirtschaft, nicht in die Politik.

Wie könnte das anders werden? Wir müssen breitere Bevölkerungsschichten für die Politik interessieren, damit wir nicht mehr nur Berufspolitiker bzw. Eliten haben. Viele Bereiche unserer Gesellschaft sind in unseren Parlamenten gar nicht vertreten. Wir brauchen Politiker, die in Ihrem Leben und in Berufen Erfahrungen gesammelt haben und diese in die Politik einbringen. Tut mir leid, wer nach der Schule oder der Ausbildung direkt in die Politik geht und dort bleibt, dem fehlt etwas Wesentliches, um die Lebenswirklichkeit der Bürger zu vertreten. Und damit die Politik nicht an Ihren Sesseln klebt, sind drei Legislaturperioden hintereinander für Parlamentarier genug. So würden auch neue Ideen und andere Wege sichergestellt. Dort wo ich in meinem Leben gearbeitet habe, war es die Regel, dass kein Manager länger als 5 Jahre auf einer Position saß, weil dann die Ideen und der scharfe analytische Blick weniger werden (Ausnahmen bestätigen die Regel). Es muss also einfacher sein, in die Politik einzusteigen und auch wieder ins Berufsleben zurückzukehren. Und damit schon Kinder mit einem Gefühl für Politik aufwachsen, gehört diese als Fach in den Unterricht. Ja, wir müssen uns dann mit denkenden und kritischen Menschen auseinandersetzen (von denen wir zu wenige haben). Aber das kann einer konstruktiven Demokratie nur guttun.

Post Covid

Mit diesem Ausdruck sind die armen Menschen gemeint, die Corona hatten und bei denen auch nach 6 Monaten Symptome wie Atemnot, bleierne Müdigkeit und Kraftlosigkeit bis zur Arbeitsunfähigkeit immer noch das Leben beeinträchtigen. Sie finden kaum Ansprechpartner und Behandlung, denn zuerst hat es keiner geglaubt und jetzt gibt es so viele (geschätzte 10% der Corona-Erkrankten ohne die Omikron-Variante), dass es keine Kapazität und auch kein Konzept für die gezielte Betreuung bzw. für Reha-Maßnahmen gibt. Auf eigene Faust und unter Einsatz der Ersparnisse probieren diese Patienten, wieder gesund zu werden. Da es keine anerkannten Behandlungen gibt, zahlt das keine Krankenkasse. Da braucht es erst Studien, die die Wirksamkeit beweisen, so lautet die Antwort. Das macht eigentlich Sinn, aber bei einer neuen Krankheit dauert das Jahre. Mir fehlt hier der Einsatz der Politik, unkonventionell finanzielle Mittel für die Behandlung und die Studien zur Verfügung zu stellen, damit diesen Menschen geholfen wird. Es sind einfach viel zu viele. Da wird dann manches Geld verbrannt, weil es sich zeigt, dass die eine oder andere Behandlung nicht zum Erfolg führt. Aber nur so kommen wir schnell zu Erkenntnissen, wie diesen Menschen geholfen werden kann.

Anfang Dezember 2021 wurde die Zahl der Patienten auf 500.000 geschätzt, die unter die Rubrik Long/Post Covid fallen. Darunter sind nicht wenige aus den Pflegeberufen, die sich mangels vernünftiger Schutzkleidung am Anfang der Pandemie angesteckt haben. Viele dieser Kranken haben auch in den anderen Bereichen im Beruf ihre Frau oder ihren Mann gestanden. Eine halbe Million zusätzlicher Kranker ist nicht einfach so zu ersetzen. Nun fehlen sie und würden überall dringend gebraucht, aber nicht nur sie. Die Anzahl der Arbeitslosen ist wieder zurückgegangen und der Fachkräftemangel hat sich weiter verschärft. Aber auch Ungelernte werden händeringend gesucht. Die Wirtschaft könnte wachsen, aber die nicht zu findenden Mitarbeiter sind ein Bremsklotz, der für lange Zeit nicht mehr weggehen wird. Die Folgen für die Gesellschaft und Wirtschaft werden wir durch geringeres Wachstum und damit verpassten Wohlstand sehen. Wo sind sie denn alle geblieben, sie waren doch vor der Pandemie noch da? Die Fachkräfte waren schon damals rar und die verschiedenen Branchen haben sich versucht, gegenseitig die wenigen Kandidaten abspenstig zu machen. Was für die Arbeitssuchenden von Vorteil ist, denn sie sind in einer guten Position bei den Verhandlungen über den Arbeitsvertrag und das Einkommen.

Ich möchte hier versuchen zu ermitteln, welche Folgen Covid für uns hat, wenn die Pandemie vorbei ist. Ich glaube nicht, dass alles wieder so wird wie vorher. Und daraus ergeben sich notwendige Handlungen seitens der Politik.

Der Arbeitsmarkt wird oder hat sich schon verändert. Wer in Bereichen gearbeitet hat, die durch Maßnahmen gegen die Ansteckung beeinträchtigt oder sogar geschlossen waren, hatte eine Abfederung, weil es in Deutschland das Kurzarbeitergeld gibt. Zu betonen ist hier, dass das kein Almosen ist, sondern durch den Beitrag zur Arbeitslosenversicherung finanziert wird. Erst als der Topf leer war, ist der Staat eingesprungen. Trotzdem bedeutet das einen Einkommensverlust für die Betroffenen. Dort, wo Trinkgelder einen großen Teil des Einkommens ausmachen, wie in der Gastronomie, waren die Mitarbeiter gekniffen, denn auf diesen Teil des Einkommens gibt es kein Kurzarbeitergeld. Damit standen diese Menschen vor dramatischen Einkommenseinbrüchen. Krisensituationen bringen Menschen zu Entscheidungen und zu Veränderungen, die sie sonst vielleicht nie gemacht hätten. Wo die

Einkommenseinbußen hoch waren, suchten sich die Geplagten neue Jobs in anderen Wirtschaftsbereichen. Häufig stellten sie fest, dass es dort für sie viel besser war: Höheres, verlässliches Gehalt, 5 Tagewoche, keine Nachtarbeit usw.. Eigentlich sollten diese Beispiele uns ermutigen, öfter mal über den Tellerrand hinauszuschauen und Veränderungen zu wagen, statt immer nur das Negative zu sehen (typisch deutsch). Jetzt hätte die Gastronomie diese früheren Angestellten gerne zurück, aber die haben kein Interesse mehr. Was hat das für Auswirkungen? In diesen Bereichen wird es nach der Pandemie Kapazitätsprobleme geben. Hast Du nur noch einen Koch statt zwei, kannst Du nur noch die Hälfte der Gäste im Restaurant bewirten. Halbiert der Betreiber dann die Tische auf die Hälfte, bleiben aber die Pacht und Nebenkosten gleich hoch und verteilen sich auf weniger Einnahmen. Resultat: Die Preise für das Essen und Trinken werden alleine deshalb steigen, weil es zu wenig Personal gibt. Wenn wir überhaupt einen Tisch bekommen. Entscheidet sich der Wirt, die volle Kapazität zu behalten, muss er den wenigen Bewerbern auf die freien Stellen bessere Arbeitsbedingungen und Löhne bieten. Und das werden dann auch die noch existierenden Angestellten zu Recht verlangen. Das Resultat ist das gleiche. Wir werden in der Gastronomie einen Beschleuniger der Inflation sehen. Dabei ist noch nicht berücksichtigt, dass die eingekauften Lebensmittel auch enorm im Preis gestiegen sind. Wir alle werden einiges mehr bezahlen müssen, wenn wir essen gehen (Was in meinen Augen in Ordnung ist, denn es ist ein Niedriglohnsektor).

Was hier für die Gastronomie beschrieben wurde, gilt auch für andere Bereiche, die Mitarbeiter sind dauerhaft weg. Es können sich also nur alle um die verbliebenen freien Kräfte bemühen und das wird kosten. Viele Stellen werden schlichtweg leer bleiben. Das heißt, dass sich unsere Wirtschaft mangels Mitarbeitern nur langsam weiterentwickeln kann. Wo liegen die Lösungen? Was immer geht und uns auch wettbewerbsfähiger macht ist, die Abläufe effizienter zu gestalten. Die Produktivität kann gesteigert werden. Da ich das Gastrogewerbe als Beispiel genommen habe, könnte es sein, dass wir mehr Buffets sehen werden statt des personalintensiven Bedienens am Tisch. Oder die Menükarte wird kleiner, so dass die Küche trotz weniger Personals mehr Essen schneller herstellen kann. Wenn es ganz modern wird, dann bringt ein kleiner Roboter das Essen an den Tisch und fährt das dreckige Geschirr wieder weg. Der Gast wird dann mit in den Ablauf einbezogen, indem er sich das Essen selbst auf den Tisch stellt. Alternative ist, dass Deutschland massiv Kräfte im Ausland anwirbt. Was aber mit größeren Diskussionen mit einem Teil der Gesellschaft verbunden sein wird.

Der Mangel an Arbeitskräften wird eine der gravierendsten Folgen der Pandemie sein und das in sehr vielen Bereichen, die Gastronomie war nur das Beispiel. Ein anderes wäre der Mangel im Handwerksbereich oder an IT-Kräften. Die werden in Behörden, der Industrie, im Gesundheitswesen und in der Bildung gebraucht, sie werden überall händeringend gesucht. Es bekommt sie der, der den attraktivsten Arbeitsvertrag und Standort bietet. Die anderen gehen leer aus. Das schwächt uns als Wirtschaftsstandort, denn das kann zu überzogenen Gehältern führen und macht Unternehmen weniger konkurrenzfähig. Gehörst Du zu den Firmen und Behörden, die gar nicht erst den gesuchten Spezialisten finden, dann hast Du deshalb den Nachteil im weltweiten Wettbewerb und dem muss sich Deutschland permanent stellen. Ist die IT der Firma zu langsam oder nicht effektiv genug oder schaffst Du keine höhere Produktivität oder Produktverbesserung, weil Du keine künstliche Intelligenz für Dich arbeiten lassen kannst, dann verlierst Du morgen die Aufträge. Denn irgendwo anders auf der Welt wird jemandem das bessere, günstigere Produkt gelingen. Für Deutschland und viele andere Länder wird es überlebensnotwendig sein, dass der Fachkräftemangel beseitigt wird, sonst riskieren wir unseren Wohlstand und zu allem Übel könnten die Firmen dahin verlagert werden, wo es genügend Fachkräfte gibt. Die Politik muss hier schnellstmöglich einfache Verfahren schaffen, um ausgebildete Menschen anzuwerben, ihre Berufsausbildungen anzuerkennen bzw. schnell zu ergänzen und es Ihnen und den Firmen leicht zu machen, dass sie zu uns kommen können und wollen. Parallel dazu muss es massive Förderung von Qualifikationen der Menschen geben, die bereits im

Arbeitsprozess sind oder wieder integriert werden sollen. Hinzu kommt, dass wir eine große Zahl gut ausgebildeter Frauen in unserem Land haben, die wegen mangelnder Ganztages-Kitaplätze nur Teilzeit oder gar nicht arbeiten können. Für die Frauen, die mehr arbeiten möchten, braucht es dringend ein vollständiges, verlässliches Betreuungsangebot. Wie groß dieses Potential ist, scheint unklar zu sein. Aber diese Menge an Fachfrauen wäre für die Wirtschaft am schnellsten erschließbar, denn Ausbildung und Berufserfahrung sind bereits vorhanden. Nur wenn die allgemeine Weiterbildung aller Arbeitnehmer und die Verbesserung der Kitaleistungen umgesetzt werden und das zusammen mit einer offenen Kommunikation passiert, werden manche Bürger den Sinn der obendrein erforderlichen Zuwanderung verstehen und akzeptieren. Es wird aber immer noch Menschen geben, die gegen diesen Zuzug aus dem Ausland sind. Damit werden wir leben müssen.

Wie wird nach der Pandemie das Miteinander in unserer Gesellschaft aussehen? Fast alle würden gerne wieder raus und sich frei bewegen können, so scheint es, egal wo das ist, beim Einkaufen oder im Club. Dort wird das gemeinsame Leben wohl schnell wieder wie früher sein. Viele Menschen haben aber während der Pandemie eine gewisse Angst vor Nähe entwickelt. Davon können insbesondere die betroffen sein, die sich am besten geschützt haben, sei es durch Impfungen oder durch großen Abstand, bis dahin dass manche sich völlig zurückgezogen haben. Bei manchen von denen wird -glaube ich- das Unwohlsein bei Nähe zu anderen Menschen nicht so schnell verschwinden. Hier wird viel Rücksichtnahme gefordert sein, damit diese Menschen nicht mit der wieder vorhandenen Freiheit überfordert werden. Bei Menschen die sowieso schon mit Ängsten und Depressionen zu kämpfen hatten, wird der Weg zurück in die Normalität länger dauern und mehr familiäre, ärztliche und/oder therapeutische Unterstützung brauchen. Gefordert ist hier auch wieder die Politik in Zusammenarbeit mit dem Gesundheitswesen, die erhöhten Kapazitäten dafür bereit zu stellen.

Genau in das gleiche Horn stößt der Ruf nach Unterstützung von Kindern im therapeutischen und schulischen Bereich. Zurück bleibt eine ganze Generation von Kindern, denen nicht nur viel Lernstoff fehlt, sondern insbesondere die Struktur und die Regelmäßigkeit eines Schultages. Es wird für manche nicht so leicht sein, diesen Rhythmus wiederzufinden, was auch in den kommenden hoffentlich pandemiefreien Jahren zu weiteren Lerndefiziten führen wird. Die Lehrer werden eine harte Zeit haben, diese Kinder und Jugendlichen wieder für die Bildung zu gewinnen. Die sozialen Defizite, weil die Kinder sich nicht treffen konnten, werden sich hoffentlich schnell wieder auswachsen. Ein gezielteres Angebot von Seiten der Vereine und Kommunen könnte hier einen großen Beitrag leisten.

Aber je nach Kind war die Pandemie nicht nur schlecht. Manches Kind hat gelernt, selbstständiger zu sein, Lerninhalte eigenständig zu erarbeiten, einfach deshalb, weil die Schule geschlossen war. Und in Zeiten von Helikopter- und Rasenmähereltern waren Kinder ja so unglaublich behütet bzw. verwöhnt, dass es später schwer wird, auf eigenen Füssen zu stehen, wenn die erste Windbö des Lebens von der Seite kommt. Kinder wissen nach der Pandemie, dass es auch Krisen im Leben gibt und haben hoffentlich das Selbstbewusstsein aufgebaut, die schwierige Zeit bewältigt zu haben. Das hilft, wenn als Erwachsener dann das erste große Problem kommt. Sie stehen dann hoffentlich mit beiden Beinen fest auf der Erde. Die Pandemie könnte viele Kinder krisenfester gemacht haben.

Ich höre da noch die Frage, was Rasenmähereltern sind. Sie fahren mit einem breiten Aufsitzmäher vor ihren Kindern her, damit jedes Hindernis, jede Schwierigkeit bereits weggeräumt ist, wenn das Kind dort ankommt. Diese Kinder machen keine eigenen Erfahrungen und werden später völlig unselbstständig ins Leben entlassen. Das geht soweit, dass diese Eltern die Hausaufgaben ihrer Kinder machen, damit diese gut sind. Lehrer wissen dann, wenn die Tests in der Schule ganz andere Ergebnisse bringen, wer die Hausaufgaben wirklich gemacht hat. Die Folgen sehen bereits heute die Bundesanstalten für Arbeit. Dort wird diese Klientel nach meinem Wissen als Generation „Anstrengungslos" bezeichnet.

Kinder aber auch Erwachsene haben noch ein weiteres Problem, was auf unseren Gesundheitssektor zukommen wird. Dieses

Phänomen können Büroangestellte feststellen, wenn sie zum ersten Mal nach langer Homeoffice Phase wieder ins Büro kommen. Die meisten Kollegen haben beim Gewicht ordentlich zugelegt. Schätzungen laufen auf einen Mittelwert von 5 Kilogramm. Das heißt natürlich, dass bei einzelnen noch viel mehr Gewicht hinzugekommen ist. Die daraus später folgenden Krankheiten werden uns vielleicht nicht jetzt, aber die nächsten Jahrzehnte beschäftigen. Das Gesundheitsministerium, das Landwirtschaftsministerium, die Krankenkassen, die Arbeitgeber und die Schulen sind hier gefordert, Programme zur „Verschlankung" zurück zu Vor-Covid-Gewichten zu starten. Und selbst davor waren Deutsche bereits im Mittel zu dick.

Über die Segnungen des Homeoffice ist schon viel geschrieben worden. Wo vorher -typisch deutsch- große Vorbehalte waren sowohl von Seiten der Angestellten wie der Arbeitgeber, scheinen jetzt alle sehr angetan zu sein. Mit einem bisschen mehr Mut und Vertrauen, hätte man das schon lange vorher haben können. Die Vorteile liegen auf der Hand:

- Wegfall der Fahrzeit ins Büro und damit auch eine bessere Umweltbilanz
- geringere Staus auf den Straßen
- sparen von Bürofläche,
- Reduktion von Reisen, weil die Videokonferenz vermehrt genutzt wird.

Doch die Veränderung hat auch Nachteile, die sich noch zeigen werden oder schon gezeigt haben:

- der Mensch im Homeoffice ist allein, der soziale Kontakt fehlt
- die Zusammenarbeit innerhalb der Teams fängt an zu leiden, weil man sich nicht mehr persönlich trifft
- Emotionen in Videokonferenzen sind kaum in den Gesichtern abzulesen, dadurch kommt es zu Fehleinschätzungen und schlechten Entscheidungen

- Pausen werden nicht mehr eingehalten und damit pausenlos gearbeitet
- besonders Alleinstehende arbeiten von früh morgens bis tief in die Nacht hinein, ohne dass die Firma einschreitet. Manche Firmen scheinen das gut zu finden, sind sich aber wohl nicht im Klaren, dass die Verantwortlichen mit einem Bein bereits im Gefängnis stehen
- die Cybersicherheit wird kleiner bzw. das Einfallstor für Hacker über den privaten Firmenzugang wird grösser
- es gibt Mitarbeiter, die mit der Situation Homeoffice nicht umgehen können
- die ergonomische Ausstattung des Heimbüros ist unzureichend mit Folgen für die Gesundheit
- fehlender Versicherungsschutz, da es zu Hause keine Arbeitsunfälle geben kann.

Nicht nur die Firmen, Betriebsräte und die Tarifpartner haben hier eine Pflicht, klare Betriebsvereinbarungen zu treffen, damit einige der obigen Mängel beseitigt werden, sondern auch die Politik. Seit Jahren fehlt in Deutschland ein klarer gesetzlicher Rahmen für das Arbeiten und den Versicherungsschutz im Homeoffice. Eigentlich braucht das zuständige Ministerium nur in ein paar Nachbarstaaten schauen, wo es diese Gesetze bereits gibt und eine Kopie machen, die dann auf Deutschland zugeschnitten wird.

Ich glaube übrigens nicht, dass das Homeoffice und die Videokonferenz in dem Masse wie während der Pandemie bleiben werden. Sie werden ihren Platz wo sinnvoll behalten, aber an vielen Stellen auch wieder weniger werden. Der direkte menschliche Kontakt zwischen Kollegen, zum Chef oder zum Kunden ist so nicht zu ersetzen und macht auch in Zukunft den Unterschied.

Um durch die Pandemie in Not geratene Unternehmen zu schützen, wurde das Insolvenzrecht geändert. Das machte für alle Firmen Sinn, die vor der Pandemie gesund waren. Eine Insolvenz ist aber auch ein wichtiger Reinigungsprozess der Wirtschaft. Wenn das Geschäftsmodell, die Produkte oder die Leistung des Unternehmens nicht mehr stimmen, führt das zu finanziellen Problemen und die in die Insolvenz, weil die Daseinsberechtigung verloren wurde. Das ist hart für die Mitarbeiter, aber auch die Eigentümer. Auf die Verschleppung einer Insolvenz stehen zu Recht hohe Strafen, weil dann Geld anderer Leute bewusst verbrannt wird z.B. von Lieferanten, die nicht mehr für ihre Waren und Leistungen bezahlt werden. Vor der Pandemie gab es rund 30.000 Insolvenzen pro Jahr, jetzt sind es nur noch 20.000. Der Verdacht liegt nahe, dass wir pro Jahr 10.000 kranke bis tote Unternehmen weiter durchschleppen, deren unbezahlte Rechnungen eine große Gefahr für gesunde Unternehmen darstellen. Je länger das so bleibt, desto grösser wird die Summe der Außenstände, die dann gute Firmen ins Trudeln bringen können. Natürlich scheut die Politik Entscheidungen, die zum Verlust von Arbeitsplätzen führen, das ist verständlich. Aber es wird dadurch die Weiterentwicklung des Industriestandortes Deutschland behindert. Gesunde Firmen mit rentablen Geschäftsmodellen würden gerne wachsen. Aber es fehlen ihnen -wie öfter angesprochen- sehr viele Fachkräfte. Verschwindet ein Unternehmen vom Markt, werden genau diese frei. Die Entlassenen haben sehr gute Chancen, einen neuen vielleicht sogar für sie besseren Arbeitsplatz zu finden. Neu gegründete Unternehmen mit zukunftsorientierten Produkten finden auch besser Mitarbeiter, was in der Start- und Wachstumsphase von entscheidender Bedeutung ist. Die Politik muss den Weg freimachen für die Insolvenz kranker Unternehmen, so schwer es ihr fällt. Sie würde damit etwas Gutes für unseren Standort und die Arbeitswelt tun.

Ausland

Wie unendlich schwer muss es für einen Ausländer sein, in Deutschland zu leben und zu arbeiten. Diese ganze Bürokratie und Verordnungen müssen erdrückend sein. Wie findet sie/er sich durch diesen Dschungel hindurch? Was man alles zu tun und zu lassen hat. Ich weiß, wie mir es ging, wenn ich in ein fremdes Land gezogen bin. Vorher bist Du wochen- und monatelang damit beschäftigt, die Papiere und Genehmigungen vorzubereiten und wenn Du da bist, geht das erst einmal genauso weiter. Dann kommen die Überraschungen, was Du doch nicht gewusst hast (und auch kein anderer wusste). Nach ein paar Monaten bist Du dann durch und siehst dann noch Deiner ersten fremden Steuererklärung entgegen. Wenn die Politik es Einwanderern leicht machen will, dann sollte es eine Behörde/geförderte Vereine geben, deren Aufgabe es ist, Neuankömmlinge durch diesen Prozess zu führen. Wir buhlen bereits um Facharbeiter aus dem Ausland, auch wenn es mancher nicht wahr haben will. Die brauchen wir mangels genügend qualifizierter Personen im eigenen Land. Natürlich sollten wir versuchen, durch Fortbildung mit Priorität auch hier lebende Menschen zu qualifizieren. Das wird aber nicht reichen. Bisher konnte sich keine Regierung durchringen, ein klares Einwanderungsgesetz zu präsentieren. Wollen wir unseren Wohlstand halten, dann werden wir das unbedingt brauchen. Wir müssen es auch nicht selbst erfinden. Ich bin einmal mit meiner Familie durch den kanadischen Einwanderungsprozess gegangen. Der war klar und nachvollziehbar beschrieben. Ein Punktesystem stellte sicher, dass genau die Menschen in das Land kamen, die gebraucht wurden. Die Berufe waren in einer Liste eingeteilt, in der jedes Jahr je nach Bedarf im Land bis zu 10 Punkte für einen bestimmten Beruf vergeben wurden. Und das änderte sich jedes Jahr. Als ich 1989 durch dieses Verfahren gelaufen bin, war eine Qualifikation mit der Höchstpunktzahl Krankenschwester oder wie man heute sagen würde pflegende Berufe. Schauen wir heute auf die Anforderungen bei uns, dann hat sich daran wohl nichts geändert. Es gab unter anderem Punkte für die Art der Schul- und Berufsausbildung und die Sprachkenntnisse in Englisch und Französisch. Nur, wer eine bestimmte Mindestpunktzahl erreichte, hatte überhaupt die Chance auf eine Arbeits- und Aufenthaltsgenehmigung. Traut sich die Politik nicht wegen der Flüchtlingsdebatte einen solchen Schritt zu gehen? Das wäre fatal für die Zukunft unseres Landes, denn dann müssen Firmen dahin abwandern, wo es die erforderlichen Fachkräfte in ausreichender Zahl gibt.

Das Thema Flüchtlinge und Asyl muss von obigem deutlich getrennt werden. Es wird in der politischen Diskussion gerne und auch absichtlich damit vermischt. Die Diskussion um Flüchtlinge ist stark politisiert worden und muss meines Erachtens aus der schwarz/weiß Betrachtung herausgeführt werden. Menschen die vor Krieg und Verfolgung fliehen, sind arm dran. Ich bin 2014/2015 einmal durch Europa gewandert, alleine mit dem Rucksack von Istanbul zum Nordkap. So war der Plan. Ich bin 2015 -ohne es zu wissen- ungefähr vier Wochen vor der Flüchtlingswelle durch Südeuropa hergelaufen. Das Land Mazedonien (heute Nord Mazedonien) hat noch nicht geahnt, was kurze Zeit später über das Land hereinbrach. Ich weiß, welche Schwierigkeiten, Herausforderungen und Strapazen ich erlebt habe. Das reichte, um meine körperlichen und mentalen Kräfte manchmal aufs Äußerste zu belasten. Zumindest habe ich eine Vorstellung dieser Seite, was die Flüchtlinge durchgemacht haben. Aber diese Menschen wussten obendrein nicht, wo werden sie eines Tages landen, werden sie mit offen Armen empfangen? Werden sie eine Zukunft für sich und ihre

Familien finden, ein neues Zuhause? Werden ihre Kinder eine Schule finden, die ihnen eine sichere Zukunft ermöglicht? Und auch einfach nur: wo schlafen wir heute Nacht und werden wir etwas zu essen haben? Bei diesen Flüchtlingen sind die Angst, die Verzweiflung und die Unsicherheit mitgegangen, auf Schritt und Tritt, das ist eine unmenschliche Belastung. Die Menschlichkeit erfordert, dass wir und alle in Europa diesen Menschen helfen. Die Menschen, die das ablehnen, sollten vielleicht einmal in die Geschichte ihrer eigenen Familie schauen. Denn die Kriege in Europa haben auch viele Menschen als Flüchtlinge zurückgelassen. Vielleicht wurden ja die eigenen Ur-Großeltern nach einer Flucht irgendwo aufgenommen.

Was für eine Nationalität habe ich selbst eigentlich, wo komme ich her? Ich bin Staatsbürger eines Landes, weil meine Eltern dort lebten und ich dort geboren wurde. Ich hätte inzwischen zum Beispiel auch einen kanadischen Pass haben können oder einen der Schweiz. Was bin ich dann? Meine Mutter hatte lange geforscht, wer unsere Ahnen waren und ist für einen Ast der Familie sogar bis ins Mittelalter zurückgekommen. Kirchenbücher und Aufzeichnungen in Hansestädten haben dabei geholfen. Ergebnis: Ich bin ein Mischling. Ich nehme mal an, dass das für viele Menschen gilt, denn Einzelne und ganze Völker sind immer wieder weitergewandert und es haben sich immer wieder Grenzen verändert. Da würde wahrscheinlich manches Kartenhaus eines Nationalisten -egal welches Landes- einstürzen, wenn er herausfindet, wo seine Ahnen so hergekommen sind. Ich habe folgende Länder zu bieten: Deutschland, Dänemark, Schweden, Frankreich und wahrscheinlich England. Und das sind nur die, die meine Mutter gefunden hat. Und ich habe Verwandte, die nach Australien und Namibia ausgewandert sind, vor 80-100 Jahren. Ich kann mich also höchstens als Europäer bezeichnen, aber das aus Überzeugung.

Aber andererseits kann ein Land oder wenige Länder nicht die Last der asylberechtigten Flüchtlinge alleine tragen. Und wir haben keine unbegrenzten Möglichkeiten dazu. Auch hier ist die schwarz/weiße Position nicht hilfreich.

Deshalb braucht es die klare Unterscheidung zu den Wirtschafts-flüchtlingen. Diese kann Europa nicht ungezügelt erlauben, denn es würde unsere Gesellschaften aus den Angeln heben. Die afrikanische Bevölkerung wird nach Prognosen weiter exponentiell wachsen und der wesentliche Teil der Steigerung der Weltbevölkerung sein. Bei offenen Grenzen würden schon heute mehr Personen kommen, als wir verkraften können. Jeder Bevölkerungszuwachs auf dem afrikanischen Kontinent wird die Wanderbewegung noch vergrößern. Da es wirtschaftliche Motive sind, die heute die vielen Menschen auf die gefährliche Reise nach Europa schicken, werden wir das Problem nur vor Ort lösen können. Gäbe es eine funktionierende Wirtschaft in diesen Ländern, würde sich keiner mehr auf den Weg machen. Also müssen wir ihnen mit gezielten Investitionen helfen, Arbeitsplätze und damit eine Zukunft vor Ort zu kreieren. Dazu kommt, dass die EU dringend ihre Vorschriften und Verträge durchkämen muss, damit wir nicht die Vernichtung von Arbeitsplätzen in Afrika verursachen. Zwei Beispiele dafür sind der Handel mit Altkleidern, die die Textilwirtschaft vor Ort zerstören, oder der Abnahmezwang von Hühnchenresten, die bei der Verarbeitung in Europa übrigbleiben und die hier keiner haben will. Damit wird die Geflügelzucht vor Ort beeinträchtigt. Und dann ist da noch das Thema Geburtenkontrolle, wie ich es schon im Kapitel Klimawandel angesprochen habe.

Apropos Ausland. Ich hätte da noch eine Anregung, denn Deutschland macht es seinen Staatsbürgern, die im Ausland leben, durch viele Kleinigkeiten unnötig schwer. Warum? Es scheint sich keiner Gedanken über diesen Personenkreis zu machen, obwohl er gar nicht so klein ist, oder wird es bewusst kompliziert gemacht? Kleine Beispiele: ich brauche jährlich einen Rentennachweis für die Einkommensteuer. Lebst Du in Deutschland, wird dort einmal in der EDV ein Häkchen gesetzt und Du bekommst dieses Stück Papier automatisch jedes Jahr. Ich muss jedes Jahr bei der deutschen Rentenversicherung anrufen, Häkchen gibt's für mich nicht, weil ich im Ausland wohne. Die Zusendung meines deutschen Steuerbescheids in die Schweiz lehnt das zuständige Finanzamt „aus völkerrechtlichen Gründen" ab. Stattdessen wird er dort am

„Schwarzen Brett" ausgehängt und mir dann nach Ablauf der Einspruchsfrist doch zugeschickt. Geht's noch?   Ich verkaufe auch ein paar Bücher in Deutschland und halte Vorträge zu meiner Europawanderung. Diese Einkünfte unterliegen der deutschen Umsatzsteuer. Würde ich in Deutschland leben, könnte ich die sogenannte Kleinunternehmerregelung in Anspruch nehmen und müsste gar keine Umsatzsteuererklärung machen. Ich mache für die paar hundert Euro im Jahr eine Steuerklärung, anfangs sogar monatlich. Ein Riesenaufwand für mich und das Finanzamt, für fast nichts. Das soll reichen, aber es gäbe noch mehr Hürden.

Es ist für deutsche Firmen sowieso schwer, Mitarbeiter zu finden, die den Mut haben, für sie ins Ausland zu gehen. Das ist auch im Interesse des Staates, dass dieses passiert. Wieso muss er dann noch zusätzliche und in meinen Augen unnötige Hindernisse aufbauen?

Spalteritis

Politik und Medien lieben dieses Wort „Spaltung". Sobald nur irgendwo zwei Personen oder Organisationen verschiedener Meinung sind, wird direkt von Streit geredet. Kurze Zeit später folgt der Vorwurf, dass der andere spaltet. Am besten schickt man den zum Kaminholz machen. Unterschiedliche Meinungen sind elementarer Teil unserer Demokratie. Von mir aus kann man das auch Streit nennen, obwohl die Medien das Wort eher benutzen, um auf die Meldung aufmerksam zu machen. Wenn Du zehn Menschen in einen Raum setzt und die diskutieren ein Problem und seine Lösung, dann würde es mich geradezu stutzig machen, wenn alle gleich einer Meinung wären. Da muss etwas faul sein. Sie haben hoffentlich verschiedene Ideen, über die gesprochen, von mir aus auch gestritten wird. Hören sie einander zu und verbinden die guten Ideen, dann kommt am Ende eine viel bessere Lösung heraus, als bei jeder einzelnen Idee.

Bei uns wird viel zu schnell in Gut und Böse eingeteilt. Ich nehme mich davon nicht aus. Es ist viel einfacher, Meinungen in solche Schachteln zu sortieren. Corona und das Impfen ist ein gutes Beispiel dafür. Die Aufschriften der Kategorien lauten „Geimpfte" (die Guten) und „Ungeimpfte" (die Schlechten). Ich selbst habe mich so früh wie es die Priorisierung erlaubte impfen lassen, auch beim Boostern. Heute, wo ich das schreibe, ist gerade die Marke von 70% der Gesamtbevölkerung für zweimal Geimpfte erreicht worden. Für die Herdenimmunität, wenn es die bei dieser Seuche überhaupt gibt, zu wenig. Stand 16.12.21 sind laut RKI 80,5 % aller Erwachsenen vollständig geimpft (ohne Booster). Es fehlen also noch 19,5%. 3% mehr werden es, wenn ich die nur einmal Geimpften hinzuziehe, wo die Hoffnung besteht, dass sie bald den 2 Piks bekommen. Bleiben 16,5%, was bei einer Gesamtbevölkerung von 83,7 Millionen rund 13,8 Millionen sind. Ich habe Jugendliche und Kinder bewusst außerhalb der Betrachtung gelassen, weil diese sich erst seit August bzw. Dezember 2021 impfen lassen können. Das heißt, wir haben 13,6 Millionen „Böse" in unserer Gesellschaft. Puuh, da machen wir es uns viel zu leicht. Zunächst einmal müssen alle herausgenommen werden, die sich gar nicht impfen lassen können. Dazu gibt es keinerlei Zahlen, aber es sollen sehr wenige sein. Dann gibt es die Hardliner, die sich aus ideologischen, religiösen, medizinischen und sonst welchen Gründen niemals immunisieren lassen werden, auch unter Androhung von Strafe bei einer Impfpflicht. Die Zahl dieser Menschen schwankt je nach Umfrage sehr stark. Ich bin mutig für meine Betrachtung und nehme an, dass es 9 Millionen sind. So bleiben immerhin rund 4,6 Millionen übrig, die wir viel zu schnell in die Kategorie „Böse" verfrachtet haben, aus Vereinfachungsgründen. Und genau darum ging es hier. Wir und unsere Politiker müssen davon Abstand nehmen, Menschen in simple Kästen zu stecken. Wenn wir das tun, verlieren wir. Schauen wir aber differenziert auf ein Thema, dann sehen wir, dass wir durch Zuhören etwas Wesentliches gewinnen können. In meinem Beispiel 4,6 Millionen potentielle Geimpfte. Wenn wir, statt sie zu drängen, im Gespräch herausfinden, was sie tatsächlich abhält, dann können wir darauf eingehen. Bei dieser Gruppe werden die Standardargumente für das Impfen wahrscheinlich nicht ziehen. Nur ein Beispiel: Viele von diesen Menschen haben Angst, höllische Angst vor dem Impfstoff, egal welchem. Ich habe in meinem Beruf gelernt, dass bei Angst keine Fakten helfen, denn es sind tief sitzende Emotionen. Dafür gibt es sehr schlaue Menschen, die sich dieses Themas annehmen können. Mit einem passenden Konzept ließen sich diese Menschen vielleicht für die Impfung gewinnen. Für unsere Gesellschaft lohnt es sich in jedem Fall der intensive Versuch 4,6 Millionen weitere

Geimpfte zu bekommen, denn die machen einen großen Unterschied für uns alle. Spaltung in Gut und Böse ist wie wir an diesem Beispiel sehen kontraproduktiv. Wir und die Politik sollten uns viel mehr auf das Gemeinsame konzentrieren.

Die gesamte Bevölkerung wird nie einer Meinung sein, selbst wenn es offenkundig scheint, was richtig ist. Und wenn eine Gruppe sich bewusst, aus reiner Opposition bis hin zum Trotz von der Mehrheitsmeinung abgrenzen will, dann ist das in Ordnung. Immer gleich „SPALTUNG" zu rufen, wird am Ende zu einer Sich-Selbst-Erfüllenden-Prophezeiung. Je öfter es gesagt wird, umso eher sinkt dieser Begriff in die Köpfe ein, langsam aber sicher. Dann kommt der Moment, wo eine große Anzahl Menschen daran glaubt. Und schon haben die ständigen Rufer das bekommen, was sie verhindern wollten: die herbeigeredete Spaltung hat sich festgesetzt. Politik sollte zusammenführen, zumindest die, die wollen. Daher schlage ich vor, dass die Damen und Herren der Politik in Zukunft von Gemeinsamkeiten, von Gemeinschaft reden. Denn das ist es, was der Geist unseres Grundgesetzes will.

In Freiheit zu Fuß durch Europa

„Freiheit hatte von Kindesbeinen an einen sehr hohen Stellenwert für mich, ich brauche sie, damit es mir gut geht. Und diese Freiheit finde ich sehr häufig draußen in der Natur."

So beginnt mein Buch über eine Wanderung von Istanbul zum Nordkap (so war der Plan). Es war für mich die Freiheit von den normalen Zwängen des Lebens. Den Beruf hatte ich an den Nagel gehängt. Um diese tägliche Aufgabe musste ich mir keine Gedanken mehr machen. Keine Termine standen mehr in meinem Kalender (ich hatte keinen mehr), keine Hetze, keine Verpflichtung, ich musste nirgendwo zu einem bestimmten Zeitpunkt sein, ich habe häufig morgens noch nicht gewusst, wo ich am Tage langgehen würde, wo ich am Abend mein müdes Haupt niederlege. Niemand schaute mir über die Schulter, was ich denn da machen würde. Ich konnte alles zum Erfolg führen und konnte meine eigenen Fehler begehen, um hoffentlich aus ihnen zu lernen. Ich war frei - wie als Kind auf der großen Wiese hinterm Haus im Sonnenschein. Ich hatte nur eine Verpflichtung gegenüber mir selbst und meiner Familie: wieder gesund und heil zu Hause anzukommen. Das war auch schon bei dem kleinen Jungen der Fall. Ich liebe diese Freiheit!

Wir haben uns in Europa an die Freiheit gewöhnt. Wir können unsere Meinung sagen und sei sie noch so schräg. Die meisten von uns haben die Wahl, was sie mit ihrem Leben anfangen wollen. Wir können alleine leben, zu zweit, zu dritt, zusammen in einer Gruppe. Innerhalb der EU können wir arbeiten und wohnen, wo wir wollen.

Ein Rechtsstaat schützt uns vor Willkür und wir können unsere Rechte verteidigen (auch wenn ich aus persönlicher Sicht vielleicht mit einigen Entscheidungen der Justiz nicht einverstanden bin). Und möchte ich blaue Haare haben, dann mach ich das. Wir können nach unserer Fasson selig werden. Merken wir überhaupt noch, wie gut es uns geht? Wie immer, es gibt noch Dinge zu verbessern. Aber der Punkt ist, dass wir in Freiheit leben.

Wir nehmen das inzwischen als so selbstverständlich hin, dass unsere Freiheiten nicht mehr mit Vehemenz verteidigt werden. Wie sonst kann es sein, dass eine wachsende Zahl von Menschen meint, nicht mehr frei ihre Meinung sagen zu können? Wieso erlauben wir, das kleine Gruppen in unserer Gesellschaft dafür sorgen, dass manche Äußerung unterbunden wird, indem die Veranstaltung, der Vortrag, der denen nicht passt, abgesagt wird. Das passiert ständig und hat Methode und nennt sich Cancel Culture. Oder die unliebsame Meinung wird über die Sozialen Medien mittels Shitstorm mundtot gemacht. Teile ich manche dieser Meinungen? Darum geht es nicht, denn die Meinung muss frei geäußert werden können. Und um dem Aufschrei gleich wieder vorzubeugen, damit sind nicht Hass und Drohungen gemeint. Du siehst, ich muss diesen Zusatz heutzutage machen, weil mir sonst gleich etwas unterstellt wird. Was mich manchmal verwundert ist, dass diese Aktionen jemanden mundtot zu machen, aus Bereichen kommen, die sich als fortschrittlich und progressiv bezeichnen. Wollen sie immer dann, wenn ihnen die Meinung nicht passt, diese unterbinden und dann gleichzeitig sich für Meinungsfreiheit stark machen? Oder ist sie denen einfach ein Dorn im Auge, weil es nicht zu ihren Zielen passt? Unsere Politik macht leider oftmals genau in dieser Weise mit bzw. hat das Problem mit verursacht. Es wird versucht, den Politiker einer anderen Partei genau auf diese Weise mundtot zu machen. Politiker sind auf Zeit die gewählte Führungsriege der Gesellschaft. Sie sollten sich endlich bewusst sein, dass ihr Verhalten auf die Bevölkerung abfärbt. In der Wirtschaft heißt das ganz simpel: der Fisch stinkt am Kopf. Natürlich machen das nicht alle so. Aber die Zahl derer, die genauso verbal zuschlagen, ist erschreckend groß. Hinterher verurteilen diese Politiker genau das Verhalten bei anderen, was sie selbst vorgemacht haben. Die Geister, die ich rief.

Ich komme gerade von einem Reifenwechsel. Den KFZ-Meister kenne ich seit vielen Jahren: ein freundlicher, fleißiger und fachkundiger Vierzigjähriger. Während er die neuen Reifen aufzieht, unterhalten wir uns und irgendwie kommen wir auf Politik. Was ihm in Deutschland nicht gefällt, sprudelt nur so aus ihm heraus (er hätte einige dieser Kapitel schreiben können). Bei jedem neuen Punkt schaut er mich an und sagt: „Verstehen Sie mich bitte nicht falsch. Ich bin weder ein Rechtsradikaler noch ein Nazi". Er befürchtet, dass er in diese Ecke gerückt wird, weil er offen seine Meinung sagt. Nach meiner Einschätzung hatten die angesprochenen Probleme und seine Haltung dazu, nichts aber auch gar nichts mit rechtem Gedankengut zu tun. Er traute sich aber kaum noch, seine Bedenken zu äußern. So ähnlich muss es vielen gegangen sein, die auf Demonstrationen ihren Unmut über Flüchtlinge, Corona-Maßnahmen, Meinungsfreiheit oder die gravierende Teuerung durch den Ukrainekrieg usw. kundgetan haben. Meine Meinung zu diesen Themen ist an dieser Stelle nicht wichtig, es geht um die Meinungsfreiheit. Natürlich haben sofort einige Gestalten der rechten Szene oder Verschwörungsanhänger ihre Chance erkannt, das Ganze für ihre völlig anderen Zwecke zu kapern. Die Reaktion der Politik beschränkt sich auf die Mahnung, sich von diesen Leuten abzugrenzen. Das kann man auch als ein Untergraben des Demonstrationsrechtes auslegen, denn das geht ja dann kaum noch. Wie sollen die Menschen sonst ihre Sorgen zum Ausdruck bringen? Damit scheinen für die Politik die Anliegen der Demonstranten erledigt. Es wurde kaum die Chance ergriffen, aktiv und genauso öffentlichkeitswirksam die angesprochenen Missstände anzugehen oder genau zu erklären, warum es nicht anders geht bzw. eine Kombination aus beidem. Denn das wollten die Bürger mit ihrer Demonstration erreichen. Kommt von der Politik die Mahnung, aber keine Taten bei den Missständen, dann treiben sie förmlich die immer frustrierteren Bürger in die Arme der miesen Mitläufer. Unser Recht auf Meinungsfreiheit wird hier massiv untergraben. Die einen werden wütend und es besteht die Gefahr, dass sie radikaler werden, und die anderen trauen sich kaum noch, ihre Meinung öffentlich kund zu tun, um nicht in die Nähe von Rechtsextremen und Verschwörungstheorien zu geraten. Ich schätze diese Umstände als eine massive Gefahr für unsere Demokratie ein.

So wie wir leben, ist für andere ein Graus. Da brauchen wir uns nur die autoritär regierten Staaten anzusehen oder die, die sich auf dem Weg dahin befinden. Wehret den Anfängen. Wir sollten uns nicht zu sicher sein, dass das bei uns nicht passieren könnte. Wie knapp die USA mit Trump an diesem Thema vorbeigeschrammt sind, werden wir erst in einigen Jahren wissen. Für die autoritären Machthaber ist unsere freiheitliche Demokratie eine Bedrohung. Sie unternehmen alles, um genau diese Freiheiten zu unterbinden, denn sonst sind sie ihre Macht los. Für mich steckt genau darin ein Kernpunkt der Motivation von Vladimir Putin für seine kriegerischen Handlungen. Er will vermeiden, dass sich in den Staaten um Russland herum demokratische Ideen durchsetzen bzw. noch mehr ausbreiten. Dann besteht für ihn die Gefahr, dass diese Bewegungen nach Russland schwappen und dann ist es um seine Macht geschehen. Nicht nur das. Ein demokratisches Russland würde ihn und andere in seinem Machtapparat wahrscheinlich hinterher vor Gericht stellen. Deswegen hätte er gerne lauter autokratische Staaten an seinen Grenzen als Puffer, die genau in seinem Sinne agieren. Die Ukraine stellt deshalb eine solche Gefahr für ihn dar, Maidan-Proteste kann er in Moskau gar nicht brauchen.

Wir sind die glückliche Generation, weil wir von Geburt an in einem Land gelebt haben, in dem Frieden herrschte. So lange wie nie zuvor. Wäre der Balkankrieg nicht gewesen, dann würde das auch für ganz Europa gelten. Nun scheint diese Zeit zu Ende zu gehen, denn Russland hat die Ukraine angegriffen. Als ich die meisten Kapitel zu diesem Buch geschrieben habe, glaubten wir fast alle noch, dass Putin das nicht tun würde. Es ist im Moment noch ein lokaler Krieg. Aber kriegerische Handlungen können sehr schnell eine eigene Dynamik entwickeln, wie z.B. die Auseinandersetzung im Jemen zeigt. Die kriegsführenden Parteien bekommen Unterstützung von anderen Ländern. Resultat ist, dass dort ein Stellvertreterkrieg zwischen Saudi-Arabien und dem Iran stattfindet, um die Vorherrschaft im Nahen Osten. Deshalb finden die eigentlichen Konfliktparteien im Jemen auch nicht mehr aus ihrem Krieg heraus, denn es ist nicht mehr in ihrer Hand. Und um das sofort klarzustellen, ich bin dafür, dass Deutschland und Europa schwere Waffen an die Ukraine liefern, damit sie sich verteidigen können. Was Russland weiter geplant hat, bleibt wie immer im Dunkeln. Aber wenn das Ziel ist, die Sowjetunion wieder zu errichten, dann werden auch unsere Zeiten des Friedens vorbei sein. Jeder Angriff auf ein Nato-Land wird zum Bündnisfall führen und damit einen weltweiten Konflikt auslösen. Die russische Führung hat sich als unkalkulierbar gezeigt, auch wenn viele bzw. fast alle was anderes gedacht oder gehofft haben, obwohl die militärischen Aktivitäten auf der Welt eine andere brutale Sprache sprechen: Syrien, Georgien oder die Unterstützung von Belarus lassen keinen Zweifel, dass es um brutale Macht geht, die über unendliches menschliches Leid und Leichen geht. Das berührt diese Machthaber nicht, insofern sollte der Westen mit allem rechnen, was unsere Politik bisher aber nicht getan hat. Russland wird nur eine wirksame Abschreckung überzeugen, vom Angriff auf andere Länder abzusehen. Diplomatie ist ihnen egal, sie scheinen darüber zu lachen und sie als Schwäche auszulegen. Können wir uns in dieser Lage auf den Beistand der USA verlassen, denn wir sind nicht mehr gut gerüstet? Im Moment scheint das sicher. Aber was passiert, wenn in gut 2 Jahren ein neuer Präsident ins Weiße Haus einziehen würde? Heißt er Donald Trump (oder ein ähnlich gestrickter Politiker, der ihm nacheifert), der sich mehrfach nicht mehr zur Nato bekannt hat, dann könnte der Beistand, unser Schutzschirm ganz schnell verschwunden sein. Wir haben in Europa insbesondere in Deutschland nur 2 Jahre, um uns militärisch so auszurüsten, dass Moskau sich zweimal überlegt, ob man uns und unsere Nachbarstaaten angreift. Das werden wir nicht mit den üblichen Abläufen der Beschaffung hinbekommen, denn dann liegt in 2024 in der Rüstungsindustrie noch nicht einmal ein Auftrag für irgendein Gerät vor. Und ich rede hier nicht von ein paar Nachtsichtgeräten, sondern von Abwehrsystemen, Panzern, Flugzeugen,

Hubschraubern, Schiffen, Cyberabwehr usw., die auch noch alle sehr lange Lieferzeiten haben. Unsere Politik wird schnell einen Notfallplan brauchen, welche Dinge wir benötigen und wie wir die beschaffen. Dazu werden wir Abkürzungen nehmen müssen, sonst dauert das 10 Jahre. Es ist die Ironie des Schicksals, dass die Parteien, die sich immer gegen das 2 % Ziel der Nato gesträubt haben, nun diesen Wiederaufbau der Bundeswehr durchführen müssen und wohl über die 2 % hinausgehen müssen. (Ich glaube es nicht: wenige Tage nachdem ich diese Zeilen geschrieben habe, verkündet die Regierung einen 100 Milliarden Sonderfonds für die Bundeswehr. Aber wie gesagt, verkündet ist noch lange nicht umgesetzt). Ich habe noch einen Kommentar im Ohr: Deutschland ist der 10. größte Waffenlieferant der Welt, aber es scheint nicht viel davon zu unserer lokalen Verteidigung geliefert zu werden. Wir müssten also im eigenen Land die vorhandenen Kapazitäten der Industrie nutzen. Eine andere Sprache versteht Putin nicht. Diplomatie funktioniert bei ihm wohl nur mit einer militärischen Drohkulisse beim Gesprächspartner am anderen Ende des langen Tisches. Das ist leider der Preis für unsere Freiheit.

Was für ein Europa würde ich mir wünschen? Innerhalb der EU haben wir offene Grenzen. Ich habe noch erlebt, dass bei einer Reise nach Frankreich oder zurück vorher genau geschaut werden musste, dass wir nichts im Auto hatten, was über Höchstmengen selbst bei Butter hinausging. Und ich erlebe das heute noch, wenn ich aus der EU in die Schweiz fahre. Da musst Du genau gucken, was Du für Lebensmittel eingekauft hast. Z.B. Fleisch und Wurstwaren dürfen zollfrei nur bis zu einem Kilo eingeführt werden. So sah es auch mal in der ganzen EU aus. Diese Reisefreiheit hat uns in Europa näher zusammengebracht. Wir sind eigenständige Nationen, aber wir fühlen uns zueinander gehörig und haben ein möglichst gemeinsames Regelwerk. Europa ist in meinen Augen dann stark und kann sich sehr erfolgreich gegen die vermeintliche Übermacht der USA und China behaupten, wenn es mit einer Stimme spricht. Das ist natürlich gar nicht einfach, denn 27 Staaten sind wie ein Sack Flöhe, der nur schwer unter einen Hut zu bringen ist. Es sind immer lokale

Interessen im Spiel und sei es nur, dass in einem Land eine Wahl kurz bevor steht. Damit in den entscheidenden Fragen mit einer Stimme gesprochen wird (sonst werden die einzelnen Länder von den Weltmächten untergebuttert), sollten diese Bereiche der Einstimmigkeit näher definiert werden. Und es sollten andere Bereiche festgelegt werden, wo es keine Einstimmigkeit, sondern nur eine Mehrheit braucht. Das wäre die Koalition der Willigen, die es für sich dann umsetzen. Die ablehnenden Länder stehen nicht im Wege und halten sich raus und machen nicht mit. Sie können aber natürlich nachträglich mit einsteigen, wenn sie sehen, dass die Entscheidung doch ganz gut war. Was ich nicht sehe, sind die Vereinigten Staaten von Europa. Unsere Diversität der einzelnen Länder mit ihrer Geschichte, ihrer Kultur und Meinungen ist viel zu wertvoll, um das zu einem Einheitsbrei zu machen. Viva la différence!

Aber wo wir oben bei unserer militärischen Verteidigung waren: Die Großmächte werden uns als Gesprächspartner nur ernst nehmen, wenn unsere einzelnen Armeen als eine gesehen werden. Dazu braucht es eine gemeinsame Verteidigungsstrategie, die zu Friedenszeiten definiert wird. Eine europäische Armee, bestehend aus klar definierten Beiträgen der einzelnen Staaten, groß genug, um Europa wirksam verteidigen zu können und unter einer Kommandostruktur. Wenn es kracht, ist keine Zeit für Konsultationen mit 27 Staaten. Im Krisenfall ist es zu spät. Die aktuellen zarten Ansätze sind viel zu klein, als dass sie eine Wirkung entfalten. Jedes Land sollte genau definierte Teile seiner Streitkräfte in die gemeinsame Verteidigung einbringen. Bisher gab jeder ein bisschen und das kam dann auch noch viel später als vereinbart. Es gab scheinbar immer etwas Wichtigeres. Vielleicht zwingt uns nun der Angriff auf die Ukraine, endlich nationale Egoismen über Bord zu werfen und es gemeinsam anzugehen. Ein sinnvoller Vorschlag scheint mir zu sein, z. B. einen gemeinsamen europäischen Raketenabwehrschirm zu bauen. Er wäre effektiver als Einzellösungen und obendrein auch billiger für jede einzelne Nation. Nur dürfen wir jetzt nicht 10 Jahre darüber verhandeln, wie er aussehen soll. Im Moment wäre die Einigungsbereitschaft hoch, also nutzen wir die Zeit. Selbst die sonst stark abgrenzenden Brexit-Töne aus London sind plötzlich einer anderen Wortwahl gewichen. Über Nacht scheint zumindest intern die Erkenntnis gereift zu sein, dass auch Großbritannien alleine nur ein Spielball der Weltmächte ist, wenn es ernst wird.

Will Europa den Platz einer großen Wirtschaftsmacht einnehmen, braucht es neben der Wirtschaft auch eine gemeinsame Außenpolitik. Nur dann ist die Stimme gewichtig genug, um von den anderen großen Spielern ernst genommen zu werden. Dann ist sie sogar so schwer, dass an Europa kein Weg vorbeiführt.

Krisenmodus

Es ist Schwachsinn, jeden Tag das Gleiche zu tun und ein anderes Ergebnis zu erwarten. Albert Einstein

Ich habe vor ein paar Tagen einer Diskussion von Spitzenvertretern aus Politik, Gewerkschaft, Arbeitgeberverband und Wissenschaft zugehört. Sie stand unter dem Thema: „Krieg, Corona, Inflation, eine Krise zu viel?" Die Debatte war für mich eine einzige Enttäuschung und ich habe mich geärgert, dass ich sie überhaupt angeschaltet habe. Das gewählte Thema war sehr gut, denn wie soll Deutschland (und Europa) sich für die Zukunft wappnen, wenn alles nur noch im Krisenmodus hinterherhechelt? Wie müssen wir die Zukunft aktiv gestalten, wie unsere Gesellschaft und Wirtschaft entwickeln, damit wir erfolgreich bleiben, obwohl alte Gewissheiten sich gerade in Luft auflösen? Ich hätte noch die Klimakrise hinzugefügt, aber die scheint von anderen Prioritäten zurückgedrängt, aber gleichzeitig beschleunigt zu werden. Zu obigem Titel hätte ich in diesem Sinne Beiträge der Anwesenden erwartet, aber die sind leider in ein altes Muster verfallen, denn sie haben die Lösungen vorgeschlagen, die sie schon immer durchsetzen wollten (Umverteilung von oben nach unten, Steuerentlastung usw.). Und nicht falsch verstehen, das sind Themen, die einer Betrachtung bedürfen, wozu ich in anderen Kapiteln meine Meinung sage. Diese stellen aber nur die Verwaltung des Mangels in der aktuellen

Situation dar. Mit ihnen sollten die Auswirkungen auf die Bürger, die es wirtschaftlich besonders hart trifft, abgemildert oder eliminiert werden. Aber das löst nicht die Krisen. Und die Moderatorin hat leider nicht eingegriffen und diesen von mir erwarteten bzw. gewünschten Perspektivwechsel nicht herbeigeführt. Für mich wäre das Wichtige unter dem Titel gewesen: was ist das Ziel der Reise, wohin wollen wir uns entwickeln? Wie sollen die Gesellschaft und die Wirtschaft in 10 Jahren aussehen? Bevor ich nicht weiß, wo ich hin will, macht es keinen Sinn loszugehen, geschweige denn Maßnahmen festzulegen. Diese Bestimmung der Richtung hätte ich von der Diskussionsrunde erwartet. Dass sie dieses nicht mal ansatzweise in dem Gespräch in Erwägung gezogen haben, zeigt mir, dass es selbst bei dem anwesenden Minister und Vorsitzenden wohl nicht Usus ist, sich mit diesen notwendigen Gedanken zu beschäftigen, sonst hätten sie dazu etwas parat gehabt. Die Welt schlittert von einer Krise in die nächste. Wir haben uns über Jahrzehnte daran gewöhnt, dass die Probleme immer woanders waren, nur nicht bei uns: Afghanistan, Iran, Palästina, Syrien oder Griechenland. Mit der Flüchtlingswelle 2015 waren wir plötzlich selbst betroffen und die Politik war kaum darauf vorbereitet. Trotzdem haben wir es in meinen Augen geschafft, auch weil ein Teil der Gesellschaft sich massiv engagiert hat. Mit der Corona-Pandemie waren und sind wir dann mittendrin in dem Strudel und es ist noch nicht vorbei. Aber eine Aufarbeitung sollte jetzt stattfinden, um die vielen Defizite, die sich offenbart haben, dauerhaft abzustellen. Anfangs hat die Politik dieses selbst gefordert, jetzt aber habe ich den Eindruck, dass diese kritische Betrachtung vor sich hergeschoben wird. Man könnte den Eindruck gewinnen, dass es soweit vertagt wird, bis es keiner mehr merkt. Jetzt ist die Erinnerung noch klar und deutlich, daher kann die Analyse noch präzise sein. Die Bürokratie und Gesellschaft spüren den Druck, die daraus resultierenden Maßnahmen auch zügig umzusetzen. Es könnte sogar noch in der aktuellen Pandemie helfen, denn sie ist noch nicht zu Ende. Was ist das Ziel und wo ist die Definition, wie unser Gesundheitssystem und die dazugehörige Bürokratie in Zukunft aussehen soll, damit wir dahin kommen? Je länger wir es aufschieben, umso mehr neue Krisen werden hinzukommen. Wenn wir eine abgearbeitet hätten, wäre die nächste Krise nicht sofort eine Überforderung. Wenn ich nur noch Großbrände löschen muss, ist meine Aufmerksamkeit komplett damit beschäftigt. Für andere wichtige Dinge bleibt dann keine Kapazität und Kraft mehr. Die obere Politik muss sich Freiräume von dringenden Themen schaffen, um grundsätzliche Pläne zu erdenken und zu gestalten. Raus aus dem Hamsterrad!

Aber zurück zu meinem Kernpunkt, wie soll z.B. die Wirtschaft in 10 Jahren aussehen? Heute sind wir der Maschinen- und Anlagenbauer auf der Welt, weil unsere Firmen und ihre Mitarbeiter ihre Produkte ständig verbessern oder sogar neue erfunden werden. Die größte Chemieanlage der Welt steht in Deutschland (BASF in Ludwigshafen) und vieles andere mehr. Die vorhandenen Firmen zu stärken ist sicherlich eine gute Strategie. Und das schließt die Entwicklung völlig neuer Geschäftsfelder ein. Die Ideen dazu kommen allein aus den Firmen und der Forschung, nicht aus der Politik. Trotzdem gibt diese richtigerweise in Teilen die Richtung vor, wie z.B. den Ausbau erneuerbarer Energien. Unterstützung bei den immensen Investitionen in Klimaneutralität ist sicherlich ein guter Weg. Obendrein muss aber auch an unseren Hochschulen und Universitäten ein enormer Schub auf die Forschung kommen, damit auch hier Innovationen kreiert werden, die anschließend die Wirtschaft voranbringen. Hier kann der Staat Schwerpunkte setzen, wenn er weiß, wo er hin will. Parallel wird durch diese Förderung auch die Anzahl der klugen Köpfe erhöht, die vom Arbeitsmarkt durstig aufgesogen werden. Es fehlt überall an diesen Fachkräften. Mir fallen spontan die folgenden Stichworte ein:

- die soziale Marktwirtschaft bleibt unsere Herangehensweise
- sozial- und wirtschaftsverträglicher Umbau der Arbeitswelt für eine Zeit, in der andere Fähigkeiten gebraucht werden und Veränderung an der Tagesordnung ist. Viele Tätigkeiten, die heute normal sind, wird es morgen nicht

mehr geben. Dafür aber andere Jobs, für die es Weiterbildung oder sogar neue Ausbildungen braucht. Die Veränderung hat längst mit hoher Geschwindigkeit begonnen

- attraktiver Standort für Facharbeiter aus aller Herren Länder, um die Lücke von über 3,5 Millionen bis 2030 und nochmals knapp 3 Millionen bis 2040 zu füllen, die durch altersbedingte Verrentung heutiger Arbeitskräfte entstehen wird
- internationaler Innovationstreiber in Maschinen- und Anlagenbau, Chemie, Umwelttechnologie, Medizin und Künstlicher Intelligenz (hier lässt sich bestimmt noch einiges hinzufügen)
- Entwicklung und Produktion der intelligenteren Maschine
- Gleichgewicht von Schutz der Umwelt und schneller Genehmigungsverfahren
- Unterstützung der Globalisierung, aber mit verkleinerten Abhängigkeiten von einzelnen Ländern
- Wesentliche Unterstützung von Unternehmensneugründungen bzw. Start-Ups durch vereinfachte, schnelle Gründungsbürokratie, Fördergelder und gezieltem Anlocken von Risikokapital
- Beseitigen der Hindernisse für Investitionen aus dem Ausland (Bürokratie und Genehmigungsverfahren, Fachkräftemangel, Energiepreise). Firmen gehen im Moment lieber nach Frankreich und Großbritannien
- Reduktion der fossilen Energieträger in der Wirtschaft, wenn es geht bis auf Null in einem herausfordernden aber gesunden Tempo
- Vorbereitung einer Zeit der wirtschaftlichen Stagnation oder sogar eines anhaltenden Rückgangs.

Diese Aufzählung stellt nur einen kleinen Ausschnitt von Vorschlägen dar. In der Industrie würde ich mich jetzt tagelang mit meinen Mitarbeitern irgendwo auf einer Berghütte einsperren, um zusammen alle Ideen zusammenzutragen, zu bewerten und Entscheidungen zu treffen, auf was unsere Wahl fällt. Und dann geht es in die Umsetzung.

Wir müssen nicht in allen Bereichen die Weltspitze anstreben, denn dabei würden wir uns verzetteln. Wir sollten unsere Kraft darauf konzentrieren, in einigen Industrien der Vorreiter zu sein. Das ist in einer Welt von 7 Milliarden Menschen als Staat mit 83 Millionen Einwohnern schon schwer genug. Aber da, wo wir Spitze sein wollen, muss das Geld hineinfließen und nicht mit der Gießkanne überall hin.

Und die Gesellschaft?

- schlanke, schnelle Bürokratie, definiert und umgesetzt aus Sicht der Bürger (das hilft auch der Bürokratie)
- vorsorgendes, menschenorientiertes und wirtschaftliches Gesundheitswesen mit möglichst schlanken aber patientengerechten und damit schnellen Strukturen
- Verteidigung unserer Sicherheit und Lebensweise
- Vermeidung von zu großen Abhängigkeiten von einzelnen Ländern (Sicherheit USA, Wirtschaft und Rohstoffe China, Energie und Rohstoffe Russland)
- Verteidiger der Werte der westlichen Welt ohne Missionar zu sein
- sehr gute Bildung und Forschung als Treiber von Zufriedenheit und Wohlstand aller Bürger, sowie der Gesellschaft und der Wirtschaft
- kräftiger Sozialstaat, aber mit dem Ziel, dass es erheblich weniger Bedürftige werden. Hilfe zur Selbsthilfe
- Anstrengung und Leistung sind akzeptierte Voraussetzungen für anerkannten Erfolg
- Dauerhafte Reduktion der Größe des Bundestages auf 598 Abgeordnete
- Maximal 2 Legislaturperioden in Funktion als Kanzler, Ministerpräsident oder Minister für ein Bundesland oder den Bundestag. Verlängerung einer Legislaturperiode auf 5

Jahre. Mit einem einmaligen Wechsel von z.B. einem Land in den Bund startet die Zeit neu

- Maximal 3 Legislaturperioden als Abgeordneter in einem Bundesland oder dem Bundestag. Mit einem einmaligen Wechsel von z.B. einem Land in den Bund startet die Zeit neu
- 70% der Bürger leben in den eigenen vier Wänden
- wir sind Teil der Europäischen Familie mit unserer eigenen Identität
- wir sind offen für den Zuzug und die Integration von anderen Nationalitäten innerhalb klarer Regeln
- der Staat geht sparsam mit unseren Steuergeldern und Abgaben um. Ziel ist es die Belastung der Bürger zu reduzieren.
- Detaillierten Plan zur Bekämpfung des Klimawandels mit Blick auf eine praxisgerechte, schnelle und vereinfachte Umsetzung
- Gewinnen der Bevölkerung für die Änderungen unserer Lebensweise durch den Klimawandel
- Hilfe für Staaten in Not oder in der Entwicklung, ohne unsere Lebensweise aufzuoktroyieren
- Bewusstsein für die Geschichte unserer Nation und der Lehren daraus.

Ist das alles? Nein, aber das ist meine begrenzte Sicht auf die Zukunft und jeder möge seinen Teil hinzufügen.

Kleine Zwischenbemerkung: In der Verantwortung stehende Politiker sind in der Krise aufs Äußerste gefordert. Es muss schneller analysiert und gehandelt werden und Szenarien vorbereitet werden, was machen wir, wenn dieser oder jener Fall eintritt. Nicht alles was sie tun, ist für die Bevölkerung sichtbar, denn es würde zu Verwirrung führen. Oder sogar zu Angst. Dazu neigen wir Deutschen leider. Die wird sogar unnötigerweise von nicht wenigen Mandatsträgern befeuert. Das ist überhaupt nicht hilfreich, denn es fördert die Sorgen in der Bevölkerung. Ich habe nichts gegen eine klare

Kommunikation, wie die Lage ist. Das ist notwendig, damit alle sich der Krise angepasst verhalten können. Aber bei uns werden von Politikern tägliche „Schreckensmeldungen" mit sehr viel Konjunktiv in die Medien geblasen: Alles was sein könnte, wird mit ständigen Wasserstandsmeldungen und daraus resultierenden Befürchtungen kommuniziert. Bitte sofort damit aufhören! Wie heißt der alte Spruch: Ruhe ist die erste Bürgerpflicht. In einer oder mehreren Krisen gleichzeitig ist Angst und Panik der schlechteste Ratgeber. Ruhe und Abstand bringen die besten Entscheidungen hervor. Und eine gewisse Gelassenheit lässt alle die Krise besser durchstehen.

Wir müssen unsere Zukunft definieren und das vermisse ich von der Politik auch in Wahlkämpfen. Es werden hauptsächlich tages-aktuelle oder immer wiederkehrende Themen diskutiert. Es sind eigentlich immer dieselben Punkte, was sich die Politik vorwerfen lassen muss. Sie waren alle irgendwann an Regierungen beteiligt und hätten die Weichen stellen können. Aber es fehlt die Richtung, in der das gesamte Land sich entwickeln will. Wenn die klare Beschreibung des gewünschten Zustandes dann vorhanden ist, dann fällt es auch viel leichter, auf Krisen zu reagieren. Weil die Richtung klar ist. Krisen rufen nach Veränderung, die auch einen klaren Plan über den Haufen werfen können und zu neuen Sichten führen. Aber ich arbeite von einem soliden Fundament aus, das der Gesellschaft Sicherheit und Struktur gibt und von dem aus es wesentlich einfacher ist, Ver-änderungen durchzuführen. Ziellose Krisenbewältigung führt ins Nichts. Stimmt nicht ganz, sie lässt eine verwirrte Bevölkerung zurück, weil die politische Führung des Landes orientierungslos wirkt (und vielleicht sogar ist).

„Der Langsamste, der sein Ziel fest vor Augen hat, geht immer noch schneller als jener, der ohne Ziel umherirrt." Gotthold Ephraim Lessing soll das gesagt haben.

Wie jetzt?

Das Gemeinsame an den meisten der kritisierten Themen ist die Mittel- und Langfristigkeit. Reformiert die Politik die Rente, werden die Erfolge erst in 10 Jahren oder später sichtbar. Werden zusätzliche Studienplätze für Lehrer und Ärzte geschaffen, dann werden diese erst in 6 bzw. 8 Jahren in Schulen bzw. Arztpraxen und Krankenhäusern für Verbesserungen sorgen. Noch viel länger wird es dauern, bis der Klimawandel gestoppt ist, geschweige denn der Effekt weniger wird. Die erheblichen Finanzmittel, die diese Investitionen brauchen, stehen dann nicht für kurzfristige Programme in der aktuellen Legislaturperiode zur Verfügung. Damit können die Politiker und Parteien an der Macht -ob im Bund oder den Ländern- nicht mit „Erfolgen" für die kommende Wahl glänzen und fürchten deshalb ihren Machtverlust. Die Erosion der Wahlbeteiligungen scheint der Politik nicht Warnung genug. Sie fürchten sich mehr vor dem Beispiel von Gerhard Schröder und seiner Regierung, die trotz einer überwiegend sehr erfolgreichen Agenda 2010 abgewählt wurde. Die Ergebnisse haben Deutschland aus der Situation des kranken Mannes in Europa herausgeführt, aber erst mittelfristig. Hauptprofiteure in Bezug auf die Politik waren die Regierungen danach, mit stetig weiter fallenden Arbeitslosenzahlen. Diese Kurzfristigkeit des Denkens und Handels auf Seiten der Politiker aber auch der Wähler gefährdet unsere Zukunft, die des einzelnen Bürgers, der Gesellschaft und unserer Demokratie.

Wenn ich selbst etwas in meinem Leben verändern will, dann kostet das Kraft, je nach Problem sogar sehr viel Energie. Obendrein werfe ich auch für das gewählte Thema meine Sicherheit über Bord. Das Alte ist zwar mies, aber ich weiß wenigsten, was ich hatte. Bei jeder Neuerung gibt es das Ungewisse, auch wenn ich noch so gut plane. Und genau dieses Risiko, das gehen wir Menschen eigentlich nicht gerne ein. Als Kinder und Jugendliche waren wir da wesentlich mutiger. Natürlich sind wir beim Laufen lernen auch ein paar Mal auf die Nase, die Knie oder das Windelpaket gefallen. Aber wir haben nicht aufgegeben und es solange versucht, bis wir Erfolg hatten. Je älter wir werden, desto vorsichtiger sind wir. Das kann durchaus vernünftig sein, denn wenn ich die Energie nicht mehr habe, sollte ich es lassen, damit meine Batterien nicht leer laufen. Aber meist ist weit mehr Kraft da, als der Einzelne sich zutraut.

Genauso scheint es auch mit einer Gesellschaft, der Politik und dem ganzen Land zu sein. In der Geschichte brauchte es manchmal erst eine Revolution, damit sich etwas entscheidend änderte. Aber leider sind diese Ereignisse oftmals über das Ziel hinausgeschossen oder haben sogar etwas genauso Schlechtes geschaffen, was nur anders aussah. Ich bevorzuge da die Evolution, am besten aus einer Position der Stärke heraus.

Wir verändern uns sowieso, ob wir wollen oder nicht. Sieht unser Leben noch so aus wie 2019? Nein! Erst hat die Pandemie uns gezwungen, ein völlig verändertes Abstandsverhalten an den Tag zu legen. Bei vielen unserer Mitmenschen ist das gewohnte Leben völlig aus den Angeln gehoben worden. Da braucht man als Beispiele nur Familien und das Homeschooling zu nehmen, oder den Restaurant-besitzer und seine Mitarbeiter. Alte Gewissheiten haben sich in Luft aufgelöst. Und nun finden plötzlich die meisten Firmen und Mit-arbeiter Homeoffice gut, obwohl es vorher 1000 Gründe gab, es nicht zu machen. Manchmal verschwenden wir mehr Energie auf das Verhindern, als die eigentliche positive Veränderung gebraucht hätte. Und nun zwingt uns der russische Einmarsch in die Ukraine zu massiven Veränderungen, um die Abhängigkeit von russischem Öl und Gas und vielen anderen Rohstoffen so schnell wie möglich zu reduzieren, vielleicht sogar auf null zu bringen. Wenn wir uns also sowieso dauernd verändern müssen, dann können wir es auch gleich aktiv tun. Wir müssen nicht warten, bis wir gezwungen werden oder gar nicht mehr anders können. Sobald wir uns darüber klar geworden sind, dass wir uns verändern müssen, also die Einsicht gewonnen haben, dass es für uns nützlich und sinnvoll ist, haben wir die größte Hürde überwunden. Für den Einzelnen nennt man das wohl den inneren Schweinehund (Das ist übrigens einer der Punkte, warum ich das Buch „Glücklich im Beruf ?!" geschrieben habe, um Menschen einen Weg aus dieser Misere nicht nur aufzuzeigen, sondern sie mit einer Anleitung auch zum Aufbruch zu bewegen.) Wir brauchen also in der Gesellschaft und der Politik die Erkenntnis und den anschließenden Konsens, dass wir auf zu neuen Ufern müssen. Dabei bin ich, jeder Einzelne, die verschiedenen Gruppen, die ganze Gesellschaft und alle Politiker gefordert. Wir müssen raus aus der Bequemlichkeit, dass ein anderer etwas machen soll. Im Zweifelsfalle macht der nämlich auch nichts. Ein schönes Beispiel für eine gewonnene Einsicht ist Fridays for Future. Bei einer Person reifte die Erkenntnis: ich muss etwas tun. Mit einem Male haben sogar Politiker angefangen, sich schneller zu bewegen. Ob schnell genug ist eine andere Frage. Es geht darum, dass jeder selbst für Veränderung sorgt und sich kritisch fragt, wo das erforderlich ist. Sollte daraus ein Sog entstehen, der die Politik fordert, prima. Aber die ist auch selbst gefordert, die offenkundigen Missstände aktiv einer Veränderung zuzuführen (und ich habe hier nur meine subjektive Auswahl vorgestellt, es gibt viele mehr). Wurden sie dazu gewählt, oder nur um das Existierende zu verwalten oder Krisenmanagement zu betreiben? Ich möchte, dass wir die gezeigten Missstände und Einstellungen schnell und erfolgreich verändern und dafür sehe ich unsere Politik in der Pflicht, jetzt.

In der deutschen Wirtschaft haben wir die Expertise, wie permanente, erfolgreiche Veränderung geht. Wie macht man es dort? Wenn ein Problem erkannt wird, egal ob von einer Reinigungskraft, einem Mechaniker oder einem Manager, und es dann bei den Beteiligten zur Einsicht kommt, das muss sich ändern, wird das Ziel gesetzt, wie es besser sein sollte. Oder es wird als nicht machbar eingestuft und nicht weiter verfolgt. Mit dieser Entscheidung, wo man hin will, startet die Frage nach dem: Warum ist das so? Ist die eigentliche Ursache gefunden, werden Ideen gesammelt, wie es besser gehen könnte. Die unmittelbar Betroffenen und weitere Beteiligte sind dann kreativ, wenn sie vorher davon überzeugt wurden oder sich selbst darüber klar geworden sind, das muss sich ändern! Nach der Bewertung der Ideen einigt sich die Gruppe auf einen neuen Prozess und plant die Umsetzung, die dann möglichst sofort durchgeführt wird. Eine Umsetzung über einen längeren Zeitraum birgt immer die Gefahr, dass es sehr anstrengend wird und deshalb im Sande verläuft. Der neue Ablauf muss dann solange durchgeführt werden, bis er allen Beteiligten in Fleisch und Blut übergegangen ist. Sonst fallen wir schnell in alte Muster zurück. Gehen wir zu viele Veränderungen an einer Stelle gleichzeitig an, verzetteln wir uns. Es müssen also Prioritäten gesetzt werden, in welcher Reihenfolge wir die Themen angreifen.

Und geht bei dem Neuen etwas schief oder es funktioniert nicht wie geplant, dann wird noch einmal angepasst und modifiziert, bis das Ziel erreicht ist. Das nenne ich Evolution. Und hier liegt wohl die Krux der Politik gegenüber der Wirtschaft. Bei letzter wird das Risiko eingegangen bei Veränderungen Fehler zu machen, aus diesen aber möglichst schnell zu lernen. Unsere Politik hat Angst davor, Fehler zu machen, ist deshalb zögerlich, denn das kostet im Zweifelsfalle die nächste Wahl. Damit sie mehr Mut hat, plädiere ich stark dafür, Parlamentsmandate wie auch Kanzlerzeiten zu begrenzen. Wenn ich weiß, dass es z.B. in 2 Legislaturperioden für mich als Minister vorbei ist, dann werde ich zumindest in der zweiten Runde frei sein davon, meine Wiederwahl als höhere Priorität zu sehen statt mich um nötige Verbesserungen und deren Umsetzung zu kümmern. Ich bin dann gewillt, ein höheres Risiko zu gehen. Politik und Gesellschaft wie auch der einzelne Bürger müssen bereit sein, sich von Altem zu verabschieden und Neuerungen willkommen zu heißen. Wie schnell und schmerzlos das gehen kann, zeigt immer wieder das Homeoffice.

German Angst ist ein Begriff, den meine amerikanischen Kollegen öfter mal rausgeholt haben, um ihre Sicht auf Deutschland zu beschreiben. Wie hält man Angst im Zaum, wenn die Veränderung kommt? Man besinnt sich auf die vielen Dinge, die uns in unserer Gesellschaft Sicherheit bieten, eine soziale und gesellschaftliche Absicherung wie es sie kaum besser in anderen Ländern gibt. Viele hätten sie gerne, was zum Teil erklärt, warum Flüchtlinge am liebsten zu uns kommen wollen. Wir haben also das solide Fundament, damit wir uns auch kräftige Veränderungen leisten können (noch). Obendrein können wir mit Selbstbewusstsein agieren, denn seit der Gründung der Bundesrepublik haben wir viele Veränderungen gemeistert. Unsere Großeltern sind aus den Trümmern des Krieges aufgestanden und haben etwas Wunderbares geschaffen und die deutsche Wiedervereinigung spricht Bände, welche massiven Veränderungen wir gestalten können. In dieser Gewissheit dürfen wir in Politik und Gesellschaft Risiken eingehen, um die vielen liegengebliebenen Angelegenheiten, die schlechten Prozesse sowie lähmenden Strukturen und Bürokratien schnell zu verändern, auch bis hin zur Abschaffung. Bitte viel mehr Mut, danke!

Der Autor

Clemens Bleyl, wurde 1955 in Kiel geboren und hat noch bewusst einige der Folgen des zweiten Weltkrieges erlebt. In unmittelbarer Nachbarschaft stand noch ein sogenanntes Barackenlager mit Familien, die der Krieg entwurzelt hatte. Kreativität und Freiheit herrschen in seinem Elternhaus vor. Kein Wunder, denn beide Eltern waren Künstler. Seine Jugend war geprägt von einer guten Schule, besten Freunden und sehr viel Handball und Basketball. Nach einer sehr lehrreichen Zeit von 21 Monaten in der Bundeswehr, wusste er genau, was er nicht wollte: Enge und unkritisches Verhalten. Seine Industriekarriere begann 1982 nach einem Ingenieurstudium mit dem Fachgebiet Pumpen. Sehr schnell wurden ihm immer größere Aufgaben anvertraut. So kam er zu seinen ersten Auslandsjahren in Kanada, wo er in Toronto eine Tochtergesellschaft gegründet und aufgebaut hat. Alle drei Jahre bekam er eine neue Aufgabe, was auch immer einen Umzug für die Familie bedeutete. So hat er auch die verschiedenen Mentalitäten innerhalb der Bundesrepublik Deutschland kennengelernt. Da die Anzahl der Mitarbeiter immer grösser wurde, hat er sich früh auf einen Pfad begeben, sich durch Trainings weiterzubilden und auch sich selbst kennenzulernen. Denn er ist überzeugt, dass er andere Menschen besser verstehen kann, wenn er sich selbst zumindest etwas versteht. Seine berufliche Reise brachte ihn auch für einige Jahre nach Shanghai, China. Seine Frau bezeichnete diese Zeit als ein sehr interessantes Abenteuer. Die letzten Berufsjahre verbrachte er in der Schweiz, wo er auch heute noch lebt. Er hat auf drei Kontinenten gelebt, auf fünf gearbeitet und ist so zu einem internationalen Wanderarbeiter geworden, der am Ende für 2.200 Mitarbeiter in fünf Fabriken verantwortlich war. Um den Übergang von einer 60 bis 80 Stundenwoche eines Managers zum Ruheständler fließend zu gestalten, ist er 2014 und 2015 von Istanbul zum Nordkap gewandert (so war der Plan), allein nur mit einem Rucksack bewaffnet.   Anschließend schrieb er ungeplant ein Buch darüber: „In Freiheit zu Fuß durch Europa" (Traveldiary Verlag).

Schon in den Berufsjahren hatte er sich vorgenommen, ein Buch zu dem Thema „Glücklich im Beruf – Finde Deine Berufung und entwickle sie weiter" (Amazon) zu schreiben. Nach seiner Erfahrung wissen zu viele Menschen nicht, was sie wollen und verpassen dabei die Chancen, die der Beruf und das Leben ihnen bieten.